中公文庫

# 生と死をめぐる断想

岸本葉子

中央公論新社

# 生と死をめぐる断想——目次

## 序章　死をそばに感じて生きる

## 1章 「知」の人の苦しみ

## 2章　スピリチュアリティの潮流

## 3章　時間を考える

# 生と死をめぐる断想

# 序章　死をそばに感じて生きる

## 團十郎の辞世

色は空　空は色との　時なき世へ

二〇一三年二月に亡くなった歌舞伎俳優の市川團十郎の辞世の句だ。葬儀の場で長男の海老蔵により披露された。

團十郎のパソコンに残されていたという。詠まれたのは前年の十二月。亡くなる数ケ月前である。

色(いろ)は空(そら)、空(そら)は色(いろ)、と海老蔵は読んでいた。

この句に接し、『般若心経』の中のあの一節を思い浮かべる方は多いだろう。色即(しきそく)是空(ぜくう)、空即是色(くうそくぜしき)。それに寄せて読むならば、冒頭の句は、

色(しき)は空(くう)　空(くう)は色(しき)との　時なき世へ

となる。

色(しき)はかたちあるものと、ひらたくは言われる。

空(くう)は空っぽ、何もない、ということか。空しい、ということか。かたちあるものは実は何もない、空しい、と教えているのか。

そうではない。そうした戒めを引き出すこともできるけれど、それだけではない。それだけなら後段の空即是色は要らないはずだ。このことは追々深めたい。時なき世とは。時間のない世。時間を超えた世。超時間性は永遠とも言い換えられる。それは、この世に対するあの世なのか。

この「時なき世」が團十郎の句では「色は空　空は色」と「との」でつながる。「との」は、と言われる、とか、と聞いている、の意だ。

色即是空、空即是色とかねてより聞いているところの時なき世。「へ」は方向を示す助詞である。色即是空、空即是色とかねてより聞いているところの時なき世へ、自分はこれから行くのである。

團十郎の死生観を表す句と言えるだろう。

市川團十郎は歌舞伎を代表する大名跡だ。江戸時代から続き、亡くなった團十郎で十二代目。市川宗家の跡取りとして、歌舞伎の伝統を受け継ぐ重責と常に正面から向き合っていた印象のある團十郎が、死を前に遺した五七五が、芸についての教えでなく死生観の表出だったのは、私には少し意外で、けれどもすぐに理解できた。

團十郎は長く血液のがんを患っている。治療の副作用による絶え間ないめまいと吐き気を無間（むけん）地獄と、あるインタビューでは喩（たと）えていた。何度も再発、入院し、骨髄移植も受けた。血液型が変わる体験もした。死と向き合う時間も多くあっただろう。冒頭の句が詠まれたのも、体調を崩し舞台を降板していた頃だという。

## 死生観表出の時代

戦後の日本ではひと頃、死は見えにくくなったと言われた。家で看取ることが減り、死は病院の中のものになった。経済発展、効率を重視する社会では、死は意識から遠ざけられてきた。ゆえに芸術家はあえてメメント・モリと発信してきたのだと。

そういう面はあるだろう。だが現代の日本人は、死を意識する時間はむしろ長くなっていると感じる。

ひとつには高齢化の進行がある。老いは生物として考えれば、まぎれもなく死に近づいていくプロセスだ。そのプロセスをたどる時間が長くなった。

二つめには病のありかたの変化がある。結核をはじめとする感染症が中心だった戦前と異なり、今の日本人の主な死因となる病は、慢性疾患だ。長きにわたり病と向き合う。

医療の恩恵により、病を得てからの生存期間も延長された。團十郎にしても実に九年間。病を抱えて生きる、それはすなわち死を意識して生きる時間でもある。付け加えて、医療現場における説明と同意が広まった。がんで言えば日本では一九九〇年代に急速に本人告知が進んだと聞く。私が二〇〇一年にがん治療を受けたときは、少なくとも東京では本人告知が原則となっていた。

日本人の二人に一人ががんになる。日本人の三分の一ががんで亡くなる。それほど多数なのである。日本人の三分の一において、医療技術の限りを尽くしながらも避けられないと定まって、およその時期まで予測されたものとして、徐々に死に近づいていく。それは戦時中多くの人々が市民生活を続けながらもいつ来るかわからない空襲といった死の危険にさらされていたのとは別の、新しいタイプの経験だ。

さらに付け加えれば、市民が死生観を表出する機会が増えた。まとまった量の原稿を書き、本にしてくれるところを探すといったプロセスを経なくても、ブログで発信できる。語りを動画で流すこともできる。ツールの多様化により情報空間で、さまざまな人の死生観に接せられるようになった。死生観の大量表出の時代と言える。(島薗進『日本人の死生観を読む』朝日選書)

## 自然災害のインパクト

三つめには自然災害のインパクトがある。二〇一一年の東日本大震災は、戦争のない現代日本でも、生の営みが一瞬にして終わりになる可能性をつきつけた。東日本大震災は過去のその他の震災に比して、被害の甚大さのみならず映像の量に特徴がある。家々が車が町が田畑が津波に呑まれていくさまを、テレビはリアルタイムで中継した。ホームビデオや携帯で撮った写真、動画がその後もさまざまなツールを介して共有された。日本のメディアは遺体の映像を流さないため、実際の状況の悲惨さは伝わらないという声もある。それを差し引いてもなお、自然災害のインパクトは脳裏に刻みつけられたことだろう。

その後も折りにふれて発表される、将来の地震や津波の確率、被害想定。それらの数字は、私たちの日常生活がけっして堅固なものではなく、いつ命を落とすかわからない危険と隣り合わせであると警告し続けている。

都心で地下鉄に乗っていても、ここは江戸時代以降の埋め立て地であり津波の浸水域であることが頭をかすめる。津波が来たら危ないから乗らないという選択肢は、社会生活をしている以上、私にはない。

日々の暮らしはどこかで死を内包したものとなった。

消費からしてそうである。家財道具を購入するまさにそのときでさえ、ふと思う。こうしてひとつひとつ選んで買ったものに囲まれ暮らしていても、地震が来ればひとたまりもないのだなと。

アメリカの『タイム』誌のハナ・ビーチ記者は書いている。

> 日本は、大陸の端の孤島として、地球上もっとも地震活動が活発なスポットのひとつに位置しているので、どれほど近代的な快適さや贅沢があったとしても、災害の崖っぷちに生きている国である。（別冊宝島編集部編『世界が感嘆する日本人　海外メディアが報じた大震災後のニッポン』宝島社新書）

インフラの整備された都市に住み、暑さ寒さに脅かされることのない室内でパソコンを操作し、いながらにして地球の裏側のようすまで衛星写真で知ることができたところで、私たちはけっして全能感を持ち得ないのだ。

地震だけではない。台風や集中豪雨による山崩れ、土石流の後、壊れた橋脚に車がひっかかっているニュース映像は津波の映像と重なって、日本が自然災害の多い国であることを改めて感じさせる。

## どこから来てどこへ行くのか

私について言えば昔から、生死のことに特別感じやすいわけではなかった。もの心ついたときはすでに祖父母とも他界しており、近しい誰かが老い病み衰えていくのを目のあたりにした経験もない。

ある種の不思議は感じていた。死とか時といった抽象的な概念を持たない幼年期。その不思議の感じに今振り返って言葉を与えるなら、次のようになる。

私は降って湧いてでもしたように、いつの間にかこの世にいて、「わたし」と呼ぶところの体の中にいて、家族という人たちとともに当たり前のように寝起きしご飯を食べている。はじめはどこから来たのだろう。かたわらにいる父、母、姉、みんなやはり、自分では知らないうち、降って湧いたようにこの世にいて、それぞれに「わたし」と呼ぶところの体の中に入っていたのだろうか。

仏壇の写真には祖母という人がいる。母に似ている。母の母だそうである。私が生まれる少し前まで生きていたらしいこの人は、今はどこへ行ったのか。

小学校に上がる前くらいの年頃で、誰もが抱く不思議だろう。

お話にはよく、生まれ変わりということが出てくる。自分も誰かの生まれ変わりなのだろうか。だとしたらその人にも家があり母という人がいただろうに、私が何も覚えていないのはどうしたわけか。自分も次に生まれてきたら、この家のこと母のことを、まったく忘れてしまうのか。知らないところの知らない誰かに、そこでもまた気がつけば降って湧いたように入っていて、その人を「わたし」と呼んでいるのだろうか。

死ぬのもさりながら、死ぬとこの世の全てがなかったも同然になり、その先を自分ではどうすることもできないのが怖ろしい。この世にいるのはこの「わたし」一回きりにしておきたい。前の「わたし」も同じように願い、かなえられなかったのだろうか。今は家族である母も父も姉も、みんな別々のところから何回めかの生としてやって来て、それぞれの前の「わたし」を覚えていないのか。記憶が引き継がれない以上、確かめる術（すべ）はない。

住んでいた鎌倉という土地柄、お寺やお墓はたくさんあった。谷戸（やと）という山ぎわの崖をくり抜いた横穴には、苔むした石が積んであり、昔の人の骨が埋まっているのだと、小学校の同級生は訳知り顔に言っていた。

十代で本を読むようになると、自分の抱いたような不思議は、人々が古くから感じてきたことらしいとわかってくる。それについて考える学問もあるらしい。それらの本を全て理解できたとは言えないが、読むのが好きではあった。

生まれ変わり云々（うんぬん）の恐怖は、自分でもさすがに子どもじみていると思い、正面から取り合わないまま青年期が過ぎた。

## 二つの立場

四十でがんになり、生死のことはより差し迫ったテーマとなった。

宗教学者の岸本英夫は、生死観（死生観ではなくこの言葉を彼は遣う）を語るには二つの立場があるという。

第一の立場は「自分自身にとっての問題はしばらく別として、人間一般の死の問題について考えようとする立場である。これは、いわば、一般的かつ観念的な生死観である。もちろん、自分も人間であるから、自分というものも、広い意味では、その中にはいっている。このような生死観も有用である。自分も含めた意味での人間の生死観の考え方を整理しておくことは、いざという場合の基礎的な知識となるからである」。（岸本英夫『死を見つめる心』講談社文庫）

第二として「もっと切実な緊迫したもうひとつの立場がある。それは、自分自身の心が、生命飢餓状態におかれている場合の生死観である」。

「生命飢餓状態」を彼は次のように定義する。「戦場に赴くとか、病気になるとか、自分の生存を続けてゆく見通しが断ちきられる場合に限る。それも目前の近い将来である場合に限る。生命の危険の場合におかれても、それを超えて生き続ける望みのある場合には、人間はその希望の方に重点をおいて、それを頼りにするので、生命飢餓感は、本格的には起ってこない。それが起ってくるのには、生存の見通しが絶望にならなければならない」。

このとき生死観は、「何か質的にも別個のものになったかと思われるほど、第一の観念的な立場とは、ことなってくる」と言う。團十郎も、後者の立場になるだろう。

これを書いたとき岸本英夫はすでにがんを病み、たいへん厳しい予後を告げられている。死に至る「危険」はあっても、避けられる可能性も同時にあった私には、彼の体験したような死生観の質的転換は起きておらず、彼の言う第一の立場にとどまった。

がんになる前と違ったのは、子どもの頃から頭を占めていた生まれ変わり云々の恐怖が、大きく後退した点だ。死んだ後のことまで気が回らず、関心の対象を死ぬ前のみに限っていた。行くことが決まったわけではないから、考えなくてすんでいたとも言える。

十年が過ぎ、今はまた広く生死に関する本を読んでいる。漠とした不安もある。あの病で命を落とす危険は去ったが、その間十歳年をとり、そのぶんだけ時間的には死に近づいていた感じだ。

## テクノロジーの進化の果てに

東日本大震災の後、「あの日以来、自分の中で何かが変わったか？」とよく聞かれた。私は答えに慎重だった。肉親を家を、住む町をなりわいを、酷い仕方で奪われた人が多数いる。何もなくしていない私が、変わったと言うのはおこがましいと。

しかし日本人全体にとってインパクトはやはりあったというべきだ。千年に一度の規模なのだ。原子力発電を含め千年前にはなかったテクノロジーの進化の果てに遭遇した。それはある種の喪失体験だ。「近代的な快適さや贅沢」が前近代へ後戻りすることはなくても、喪失体験を刻んで進んでいくことになる。日本人の精神史上、のちのちまで残るできごとの中にいるのかもしれない。

他方、さきほど引いた『タイム』誌とよく似た記述が、百年近く前の日本についてもあったのだ。一九二八年から三六年まで、外交官夫人として断続的に東京に住んだイギリス人女性によるものだ。地震、台風が頻繁に襲う国。台風に伴う高波は、船を道路に押し流し、わずか十分の間に戦争の爆撃と同程度の物的被害を与えることがあると、津波の映像にたくさん接した今の私たちには既視感をおぼえるようなさまを描写する。

> 日本人が遭遇する空と地と海からのかなり頻繁な危険と不安を考えると、彼らが意識的にも無意識的にも、かなり独特な性格を作り出さなくてはならなかったことが理解できます。（キャサリン・サンソム／大久保美春訳『東京に暮す』岩波文庫）

風土の中の自分ということを考えた。これまでなんとなしに抱いてきた生や死についての思い。それは自然条件やそのもとで蓄積されてきた文化の影響を、自分で思うより深く受けているのかもしれない。

死生観とは別の興味で読むことのあった民俗学の本を、改めて取り出すようになった。

これから綴るのは、日本人の死生観というような、ひとつのまとまった論ではない。それを提示することは私の力をはるかに超える。

読書ノートに近いものだ。生と死について考えながらページをめくった本の中で、心にふれる記述を書きとめた。

それぞれの間には矛盾するもの、つなげようとすると、ほころびの出てしまうものもある。ゆえに無理に関連づけようとすることは止めにした。私が必要としていたのは、すみずみまで法則性の行き届いた全体ではなく、そのときどきの自分を支える部分部分だ。

生の見通しを断ちきられたことのない、間接的な喪失体験しかない私が書きとめたものだから、岸本英夫の分け方でいえば「一般的かつ観念的」な内容にとどまるだろう。しかしその一般的の中に、他ならぬこの自分が入っていることを常に意識し、その重みを感じながら思いをめぐらせた。

この意味でも論とは言えない、生と死をめぐる断想、が似つかわしい。

# 1章 「知」の人の苦しみ

## 伝統的な宗教の後に

人間の力の限界を思い知る。人間の統御を超えたものに私たちの生と死は左右されていると自覚する。

そうしたとき伝統的宗教は一定の役割を果たしている。

しかし必ずしも全ての人に直接的な答えを示すものではないとも感じられている。近代以降の人々は科学的、合理的な考え方にあまりに慣れ親しんできたために、伝統的な宗教をそのままではなかなか受け入れることができない。

いわば「知」の人の苦しみを体現した人を何人か挙げたい。ひとりはさきに文章を引いた岸本英夫である。

### 岸本英夫の実践

岸本英夫は一九〇三年に生まれ、一九六四年にがんで亡くなっている。宗教学者として古代エジプトの信仰から、イスラム教、キリスト教、仏教と、世界のさまざまな宗教を研究してきた。

ところが彼の立脚点を揺るがすほどの事態が、岸本の身に降りかかる。五一歳でのがんの告知。死生観を研究の対象としてきた彼はそのときはじめて我が事として、死生観の練り直しを迫られる。一九五四年、客員教授として滞在していたアメリカで左頸部に悪性腫瘍が発見された。

日本ではその頃はまだ、がんの本人への告知は行われていなかった。その意味で岸本英夫は今の日本人の多くが経験していることをひと足早く経験した、先駆例と言うことができる。

結果として彼は告知から十年を生きた。それはあくまで結果であり、告知のとき本人に示された予後は余命半年という、非常に厳しいものだった。

愕然とするのは、死とは突きつめれば「この、今、意識している自分」が消滅することだと気づいたときだったと、彼は述べる。

これは恐ろしい。何よりも恐ろしいことである。身の毛がよだつほどおそろしい。死後の生命の存続ということが、煎じつめると、その一点にかかっている。何とかして、「この自分」はいつまでもその個体意識をもちつづけうるということを確かめられればとねがう。これが近代的来世観である。(『死を見つめる心』)

世界じゅうの宗教を研究することを専門としてきた岸本は、それらがこの問題をどう解決しようとしているか、さまざまな宗教を調べ直した。すると伝統的な宗教のとる解決法は、多少の例外はあるにせよ概ねひとつの型に落ち着くことがわかったという。説明の仕方は異なるが、人間の生命が何らかの形で死後も続くと主張するところが共通する。それによって死の恐怖を乗り越えようとするものだと言う。

岸本はそうした解決法を否定しない。よい悪いを言うものではけっしてなく、むしろそのような教えを信じて死んでいく人生はそれでよいのだと、伝統的宗教の果たす役割を肯定する。

しかし彼自身は、そうした主張に安らぎを見いだせなかった。

さきに引いた文章では、「死後の生命の存続」が「この自分」の「個体意識」の存続とすぐさま言い換えられている。「近代的来世観」といみじくも言うように、デカルト的な自我の意識になじんだ私たちの多くが持つ感覚ではないだろうか。

同時に私たちは、「わたし」の首座は脳であること、脳も肉体の一部であり脂質やたんぱく質といった有機物から成ることを知っている。

「わたし」の存続を切に願いながらも岸本は、科学的な見地から、願いの妥当性に疑問を投げかける。死によって肉体が崩壊すれば、脳細胞も自然要素に分解される。生理的構造がなくなった後で「この自分」の意識だけが存続するのが可能と考えるのは、相当に無理があるのではないかと。

## 合理性の納得

そのような考え方はどうも、私の心の中にある合理性が納得しない。それが、たとい、身の毛がよだつほど恐ろしいことであるとしても、私の心の中の知性は、そう考える。私には、死とともに、すなわち、肉体の崩壊とともに、「この自分の意識」も消滅するものとしか思われない。私自身は死によって、この私自身というものは、その個体的意識とともに消滅するものと考えている。(『死を見つめる心』)

死後の存続の可能性を打ち消すのは苦しみを伴う。「私の心は、生への執着ではりさけるようであった。私は、もし、自分が死後の理想世界を信じることができれば、どれほど楽だろうと思った」。伝統的宗教が差し出している解決法を採用しない彼は、素手で死に立ち向かったも同然だった。

煩悶の末に、岸本は死に対しどのような態度をとったか。ひとことで言えば、どこへ行くかを問わない、というものだ。私は團十郎の「時なき世へ」の句をきっかけに自らを振り返り、どこから来てどこへ行くのかを、漠然とながら考えてきたとさきに述べた。それに即して整理するなら、岸本英夫が示したのは、その問いを問わないという生き方である。

死後のことはわからないが、死後の生はないものと決める。人間に与えられているのは今営んでいるこの命だけと思い定めて、「この自分」がたしかに存在している生の期間に集中する。身の毛がよだつと繰り返し書いた死の恐怖も、充実感に溢れる生き方をしていけば克服できるのではないか、と彼は言う。

死を前にして大いに生きるというのが、彼の新しい出発点となった。そうして残された生の期間、仕事に邁進していく。

その後岸本英夫は、死は「別れのとき」だという考えに到達する。人間が折ふしに経験して、そのつど耐えることのできてきた別れの、より大きく全体的なものなのだと。そうとらえるに至って、心の平穏を得る。

死は別れのときとは、それだけを言ってしまえばめあたらしいことは何もないようだが「生命飢餓状態」に置かれた彼が煩悶の末つかみとったものだと思うと、重みがある。

そう受け止めた上でなお、死が目前までは迫らずにいた私にとって印象的だったのは、死は別れのときとの結論にたどり着く前の彼の葛藤だ。

私もまた科学的、合理的な思考になじんだ者として、肉体の滅んだ後も生が続くとは考えにくかった。同じような思考の習慣を持ち、かつ私よりはるかに厳しい状況で死と向き合った岸本英夫の実践に、深い感銘を受けた。彼の意志力を見倣いたいと思った。

誕生と死との二点に区切られた、「この生」だけに集中して生きる。それが病に際してまず私のとった態度である。

## 頼藤和寛の世界観

岸本英夫同様、近代人の知を背負い、その指し示すところに忠実であろうとした人に精神科医の頼藤和寛がいる。一九四七年生まれ、二〇〇〇年に直腸がんと診断され二〇〇一年に死去。岸本のときよりも時代は下り、日本でも本人告知が原則となっており、その上彼は医師であるから自分でX線写真を見てまぎれもない進行がんであると知るという、待ったなしの遭遇となった。

頼藤もまた、死がもうひとつの生のはじまりであるとする解決法を採用しない。その理由を彼は、岸本英夫より踏み込んで述べている。死後の生の存続を期待するのは、科学的にあり得ないから間違い、なのではない。それを信じてしまえば、死という人間にとっての最大の問題が「原理的に成立しなくなるから許されないのだ」とする。

(頼藤和寛『わたし、ガンです　ある精神科医の耐病記』文春新書)

許されないとは、他者に向けては酷な言葉に聞こえるが、自らへの戒めとも意志表明ともとれる。その先はない断崖絶壁としての死を措定することで、そこからの逆照射の中で生を直視しようとするのである。

願望に基づく世界観の構築を、彼は拒む。自らの避けられない死に際してもその立場を徹底する。その姿は、認識の鬼とでも形容したくなるような、ある種の凄みを持っている。

医師を続けてきて頼藤は患者から、何も悪いことをしていないのにどうしてこんな病になったのかという抗議を幾度も聞いてきた。彼は述べる。科学的に研究をすれば、善人と悪人とで罹患率や平均余命などに有意の差はないと、証明されてしまうだろう。

心理学は、善悪に関して死後の因果応報を信じがちな人ほど願望充足的な推論や希望的観測を多用する、という実験結果をつきつけてくるかもしれないと。「自然現象に人間的な道理は通用せず、来世で辻褄を合わせようとする世界観は心理的な自慰にすぎないことを強く示唆しているのである」。（頼藤和寛『人みな骨になるならば』時事通信社）

おそらく世界の実相は、人間の都合とは無関係にある。「このことを、実は、何千年ものあいだ人類は怖れてきた。われわれは幸福がなにかの恩寵（おんちょう）によるもので、耐え難い災厄ですらなんらかの意味をもつと信じたがった」。

## はじまりのニヒリズム

「虚無から始める人生論」という副題が前掲書（『人みな骨になるならば』）にはつくように頼藤のとるのはニヒリズムの立場と言える。しかしニヒリズムは強固な基盤である。「世界には、ニヒリズムを突き崩せるような物証は何もない。なぜならわれわれは、自分が信じたいように世界を観たのではなく、人間に可能なかぎり禁欲的に宇宙のありのままを見据えてきたからである」、「少なくとも知的な懐疑によっては揺らぐことのない立場を約束する」。

そこに立った上で、ニヒリズムから流れていきがちな自暴自棄の生き方とは、正反対の方向へ、彼は進む。無意味に立ち向かう道すじを示すのだ。副題のとおり、そこから「始める」ものとしてのニヒリズムである。

その要諦として「にもかかわらず」の哲学を提示する。

世界はこうである、「しかるがゆえに」こう生きる、という考えの導き方を私たちはしがちだ。が、彼はそうした論理に異を唱える。どう生きるかに、世界がこうあるからという理由は要さない。生き方の問題と世界のありかたとを切り離す。

「全てが無駄である」というのはひとつの認識であり諦観(ていかん)である。もし、われわれがその前提から、「だから、何もせず、漫然と日を過ごす」という生き方を選ぶなら、それはおそらく自堕落を正当化するために虚無的な世界観を口実に使っているだけに違いない。(『人みな骨になるならば』)

無駄と知りつつ何かに熱心に取り組むことができるかどうかが、われわれの人生の質を決めることになる。いや、むしろ「なにをしても無駄」と覚悟していることが、

「それでも、なおこれをする」という決断に重みを加える前提でさえある。

## 「にもかかわらず」の哲学

そう言い切る頼藤の態度に、私は胸のすく思いがした。がんと向き合っている最中には、さまざまな言説が耳に入る。感染症と違ってがんは外から入り込むのではなく、身の内にできる（一部のがんは感染とのつながりが指摘されている）、すなわち「がんは自分が作り出すものだから、これからは前向きに日々を過ごします」といったことを患者から聞くたび、あるいは「前向きですね。それなら再発することはないでしょう」と人から評されるたび、私は違和感をおぼえていた。

心ががんを作るのか。生き方が予後を左右するのか。病は因果応報なのか。がんになったのは自業自得で、治療後に再発進行してしまうのは、心の持ちようや生き方が悪かったからなのか。

たしかに人間には、説明がつくと落ち着くという心理がある。望ましくない事態であっても、「だから」「しかるがゆえに」というストーリーの中に位置づけられれば、気持ちを整理できる。ナラティブ・セラピー（患者自らが構成する物語に基づく心理療法）が癒しの効果を持つのも、そのためだろう。

しかし、前向きに生きれば治癒につながる、「だから」前向きに生きるとするなら、その基盤は脆弱だ。「前向き」でいたのに亡くなっていった人は、周囲を見渡しただけでもどれほどいることか。治癒を期待して前向きに自分を保つなら、それでも再発進行した場合、「ならばどう生きても同じだ」と投げ出すことになりかねない。「だから」「ならば」「しかるがゆえに」の論理の危うさを感じていた私に、「にもかかわらず」の哲学は頼もしく思えた。世界には説明のつかないことがたくさんある。説明不可能性に耐えよ。そう著者に言われている気がした。

## 自由意志の優位と揺らぎ

がんは自分が作り出すものかどうかはわからないが、それとは無関係に前向きな生き方をする。世界がこうあるから、という理由によって引き出されてくる帰結でなしに、生き方を選択する。

世界の実相に対し、人間の自由意志を対等、ないし優位に置く考え方といえる。文章で知る頼藤は、「知」の人であり「意志」の人だった。

同時に痛々しさのようなものをおぼえたことも否めない。死を思うときのよるべなさに耐えながら、あくまでも認識の鬼を貫き、むき出しの世界を前に孤軍奮闘する姿にだ。

「何千年ものあいだ人類は怖れてきた」と彼が言う世界の実相。人間が受け入れやすいようその上をおおっていたベールを、近代科学がはぎとって暴いてみせたところでなお、人々が怖れているならば、世界の実相がやはり「怖れるに足る」ものだからだろう。その点を過小評価してはならない。

何千年も怖れられ続けてきたものに、たまたま近代以降に生まれたからといって、人間がたったひとり丸腰で対峙することが、果たしてできるものだろうか。

自分がニヒリズムをどこまで貫けるだろうかという疑問もある。

私の今現在の生き方については、頼藤と同じ立場をとりたい。死後の生があると思えず、断崖絶壁としての死を措定し、それまでの期間、生の密度を高めたい。岸本英夫の実践とも通ずる。

他方、亡くなった親やそのまた親など、私に連なる故人を思うとき、私の足もとはぐらつくのだ。

彼らの死後というものは、ないのだろうか。むろん彼らが生きていたときのような姿であいまみえているとは思わないが、何らかのかたちでいっしょになったというような想像を許す余地を残しておきたい。

私の中に二人の違う人がいる。認識する人、祈る人。

頼藤の宗教についての評価は、岸本英夫のそれに比べて低いものだ。低すぎるとも感じられる。宗教の示す世界観は果たして、私たちの願望の鏡像でしかないのだろうか。

いみじくも彼は述べる。「自然や三界を統べるものを『神』と呼ぶなら、それは人間の善悪や道理など知ったことではないような何かであるはずだ」。

その「何か」。ご都合主義に還元できない「何か」の感得が、宗教の根源である気がする。

頼藤にもう少し時間があれば、その「何か」を感得する機会があったかもしれない。ニヒリズムが基本にある彼だから、自分の感得したものにいったんは懐疑的な態度をとって、検討を加えたことだろう。その検討内容を読んでみたかったと思う。「何か」についてそれ以上言及のないまま、頼藤は亡くなった。

## 多田富雄の受苦

「にもかかわらず」の哲学を実践したと思える人に、免疫学者の多田富雄がいる。

多田富雄は一九三四年生まれ。医学の道に進みながらも若い頃は詩を書き、専門の研究のかたわら文章を著し、さらには能を創作し自らも小鼓を打つなど、旺盛な表現活動をしていた。二〇〇一年、脳梗塞に倒れ、一命はとりとめたものの、右半身の完全麻痺と嚥下(えんげ)障害、言語障害という重度の後遺症が残った。多田にとって右手は利き手であり、字を書く手だ。その自由と声とを失ったのは、表現とコミュニケーションを奪われたに等しい。

どうにか自由になる左手でパソコンを覚えようとする。利き手ではない上、それまでパソコンを使ったことがなく、わからないところを口で訊くこともできないから、習得は困難を極めた。それでも少しずつ文字が打てるようになり、執筆を再開。その頃のことを綴った文章では、もどかしく遅々とした歩みを「鈍重(どんじゅう)な巨人」に喩えている。「私の中に、何か不思議な生き物が生まれつつあることに気づいたのは、いつごろからだろうか。初めのうちは異物のように蠢(うごめ)いているだけだったが、だんだんそいつは姿を現した。

まず初めて自分の足で一歩を踏み出したとき、まるで巨人のように不器用なそいつに気づいた」。「私はこの新しく生まれたものに賭けることにした。自分の体は回復しないが、巨人はいま形のあるものになりつつある」。（多田富雄『寡黙なる巨人』集英社）医学を修めた者として彼は、いったん死んだ神経細胞が再生することはないと知っていた。機能が回復することがあるならそれは、自分の中に「新しい人が生まれる」のだ。緩慢で寡黙で、そしてときどき転んで多田の体に痣（あざ）を作るなどして、彼を裏切るその人を、いとおしさも込めて「鈍重な巨人」と彼は呼んだ。

やがて多田は音声合成装置を用いて発話もできるようになった。文章の執筆の他、能の創作も再開、車椅子で出かけることもはじめた。

不屈の精神で病の後遺症を乗り越える多田に、さらなる試練が降りかかる。二〇〇五年、前立腺がんが見つかって、手術を受けるものの少しずつ進行し、転移による胸膜炎のため二〇一〇年に亡くなった。

## 人格を破壊から守る

治癒不能のがんがわかってからも、多田はリハビリを続けていた。口から飲食物をとることもした。嚥下障害のあるため、たいへんな困難と危険を伴う。何もそうまで口からとろうとしなくてもいいではないか、リハビリももう止めて寝ていればいいではないかと思われるだろうが、としながら、努力を続けるわけを彼はこう述べる。

受苦ということは魂を成長させるが、気を許すと人格まで破壊される。私はそれを本能的に免れるためにがんばっているのである。（同前）

動けない半身を抱え、その体を着々とがんが蝕んでいく。精神に変調をきたしてもおかしくはない事態かもしれない。「なにをしても無駄」と覚悟しつつ、「それでも、なおこれをする」と決めたことに取り組むのは、人格の破壊を防ぐ砦なのである。

死の受容ということが言われる。日本人として望ましいことのようにされている。終末期医療でも患者がそれに到達したときよいケアができたと、ケアの評価尺度にしているところもあると聞いた。

私は疑問だった。がんになったことそのものは否も応もないから受け入れていたが、この病によって死ぬことを受け入れる気持ちにいつかなれるとは、とうてい思えなかった。

がんはそのとき可能な最大限の治療をしても再発進行のリスクが残り、リスクをコントロールするための科学的に立証された方法がないところに、特徴がある。自分の生き死にでありながら、なす術がない。

自分の未来は、自分の意志で決められず、がん細胞のふるまいいかんにかかっている。人生の主体をがんに譲り渡してしまったような、がんに支配されたような気がした。

がん細胞にはたらきかける、有効性の立証された方法がないからといって、何もせず、いわば座して死を待つのは耐え難く感じられた。無駄であってもいい、無駄であることを引き受けた上で、それでも何かをしていたい。

体はがんに支配されても、心までは隷属しない。そのように思っていた私は、「人格の破壊を免れるため」という多田の言葉に共感した。

頑張っているのは「本能的」と表現しているのも、私の感じ方にかなっていた。生存の本能とは、違う。生存率を高めることには寄与しないことを知っている。生存欲求とは別の、尊厳の欲求と言うべきか。

努力していると感じられる、何らかのことをしたい。がん細胞にはたらきかける方法がない以上、それ以外のところへ求めることになる。

やがて私は科学の代替知へ接近していくのだが、その前にまだいくつかの段階があった。

## サイコオンコロジー

サイコオンコロジーは精神腫瘍学と訳される。がんと心の関係を研究する精神医学である。一九八〇年代に確立した新しい学問だ。アメリカで一、二を争うがん専門病院である、メモリアルスロンケタリングがんセンターで一九七七年にサイコオンコロジー部門が創設され、日本では九五年、国立がんセンター（現・国立がん研究センター）に精神腫瘍学研究部が誕生した。

合理主義者であり、合理的な説明のつかないものに懐疑的であった私は、はじめから科学の代替知へと接近したのではなく、まずは科学の方法で、事に当たろうとした。手術の後、がん細胞にはたらきかける有効な方法がないならば、同じ医学の枠内で体そのものを対象とする分野から、心を主な対象とする分野、精神医学へと目を向けたのだ。

サイコオンコロジーには二つの大きな目標がある。一つめはがんが心に与える影響を解きあかす。二つめは心や行動ががんに与える影響を解きあかす。

ストレスや特定のタイプの性格、心や行動のありかたががんの発症や生存期間に関係するとする科学的な証拠は充分でないという。過去の研究には関係を示唆するものがあったが、その後の研究で否定され、今日では認められていない。

がん細胞に心からはたらきかける方法もないのは、残念ではある。が、心ががんを作る、生き方が予後と関わるといった考え方に反発を抱いていた私は、科学がその説を否定したことに、吹っ切れた思いもあった。

サイコオンコロジーについては本に加えて、専門医との対話で学んだ（内富庸介・岸本葉子『がんと心』文春文庫）。対話の中で印象に残ったことがある。

専門医の言うには、私の告知からこれまでを聞くと、心の「知」「情」「意」の三つのうち、「情」を分離抑圧し、「知」の保護により心を守り、「意」志決定を次々として計画的に取り組んできたようだ。それは最初の危機を乗り越えるには、有効だったと思える。「情」は心のコンピュータの速度をしばしば落とす。

しかし仮に再発進行することがあったら、そのときは「情」を置き去りにせず、

「知」「情」「意」の三つの調和をとりながらまるごとはたらかせないと、うまくいかないかもしれない。対話の中心部分ではなかったが、そんな話を後々にしばしば思い返した。

日本人である専門医が海外の学会に行くと、欧米人の研究者から必ずといっていいほど質問を受けるのが、禅についてだそうだ。

せっかく日本文化の中にいて、禅へもアクセスしやすい環境にあるからは、欧米の科学者が関心を寄せる禅というものを、私も少し知ってみよう。

禅を宗教とはとらえていなかった。宗教に近づくという意識はなかった。精神医学への興味の延長で、あくまでも心理学的メソッドのひとつとしての関心である。

## 医療の現場で

私のこうした関心の流れは、実は私に限っての特異的なものではなかった。大きく言えば医療現場でも、似たような流れが起きていた。

科学の知を人に適用する医療現場で、従来の科学が対象としなかったものへの関心の広まり、あるいは従来の科学とは別のところにある知に関心を寄せる動きである。

最先端の知やそれに基づく技術をもってしても対応しきれない問題のあることを、現場の人が感じはじめた。

その動きは、治癒が期待できなくなった患者、死にゆく患者へのケアで、まずは見られた。

海外ではイギリスで看護師、ソーシャルワーカーとして患者と接してきたシシリー・ソンダースが、医師となり病院に勤務する中、末期がんの患者の痛みを和らげることに取り組んだ末、終末期の患者をケアする専門施設としてのホスピスを、一九六七年に設立。多方面から関心を集め、ホスピス運動という一種の社会運動のようなものになっていった。一九六九年には精神科医エリザベス・キューブラー＝ロスが、アメリカにおける約二百人の末期患者との対話をもとに、彼らの心に迫った本を著し、社会に大きなインパクトを与えた（日本では『死ぬ瞬間』のタイトルで一九七一年に刊行）。キューブラー＝ロスの唱えた、死の受容の五段階説は広く知られる。アメリカでは一九七四年に最初のホスピスができた。

## ホスピスとデス・エデュケーション

日本ではこれらについての情報が詳しく伝えられる前から、臨床現場で小さな実践がはじまっていた。精神科医の柏木哲夫によるものだ。クリスチャンである彼はアメリカの病院で学んだ後、淀川キリスト教病院に勤務。そこで外科医から、ある末期がんの患者の精神的ケアについて相談を受ける。一九七三年のことである。

そのとき柏木は患者の「宗教的必要」に気づいている。「患者の精神的必要を満たすためには看護師や精神科医の協力が必要でしょう。社会的必要に関してはソーシャルワーカーの、宗教的必要に関しては病院牧師の協力が必要でしょう」（柏木哲夫『死にゆく人々のケア』医学書院）。のちに世界保健機関が緩和ケアの取り組むべき問題として定義するものが、すでにとらえられている。病院牧師という発想は、病院内に牧師のいることがふつうのアメリカの病院で学んだ彼には、自然なものだっただろう。

一九七七年には、欧米のホスピス運動が日本で紹介され、末期患者のケアに関わる看護師と医師を中心に「日本死の臨床研究会」が発足した。さきほど述べたサイコオンコロジーの日本への導入も、そこを母体とするものだという。

一九八二年頃からカトリックの神父であり上智大学で教えていたアルフォンス・デーケンが「死への準備教育（デス・エデュケーション）」の必要を提唱する。デーケンはさらに死別の悲嘆をケアするグリーフケア、グリーフワークの必要も説いた。日本社会や日本の医療の現場では、死をタブー視する傾向の強かった頃である。がんの治癒率が今より低かったこともあり、本人告知も行われていなかった。

一九九〇年に刊行された『病院で死ぬということ』(主婦の友社)は、外科医として一般病棟に勤務していた山崎章郎(ふみお)がターミナルケアを志すまでを書いた本である。死を敗北として目をそむけてきた医療現場では、治ることの期待できなくなった患者に向き合う術を持たないことを伝えて、衝撃的だった。百万部とも言われる部数が、この問題に対する人々の関心の高さを示している。

二〇〇二年、世界保健機関が緩和ケアの定義の中で、スピリチュアルな問題を対応すべきものとして挙げる。身体的、心理的、社会的な痛みに加えスピリチュアルな痛みをも、医療の範囲とすることが国際的な共通認識となった。

## 遺族外来、がん哲学外来

二〇〇七年に埼玉医科大学国際医療センターに「遺族外来」が開設された。サイコオンコロジーを専門とする精神科医の大西秀樹が、患者と接しながら付き添いの家族の心の痛みの深さに気づき、患者が亡くなった後も家族と交流する中で、自然発生的にはじまったという。

二〇〇八年には順天堂大学の病理医、樋野興夫（おきお）が「がん哲学外来」を開設。三ヶ月と期間を限っての開設だったが、予想を大幅に超える患者が訪れ、志に賛同する人々により急速に広まった。活動の担い手や形式はさまざまだ。

医学と哲学。理系と文系。進歩を続ける最新の分野と、古来より変わらぬ問題を考え続けている分野。両極にあると思われる二つが、医療の現場で結びつくに至ったわけを、金沢大学附属病院の麻酔科医、山田圭輔の文章がよく表している。二〇一三年のがん哲学外来市民学会の冊子に載せたものだ。

> 私は、麻酔科医として、がんにより生じる身体的苦痛（痛みや呼吸苦など）に対して、薬物療法あるいは神経ブロック等を用いて苦痛を軽減するよう活動してきました。一方で、がん患者さんは診療の経過のなかで死を意識し、自身のことを無力、無意味、無価値と嘆き、絶望してしまうスピリチュアルペインに悩まされることも少なくありません。また、自分を含めた医療者がこのような患者さんにどのように接すればよいか悩むことも多々経験しました。これは、医学を超えた大きな問題であり、医療の大きな隙間です。

金沢では山田と同じ考えを持つ医師、看護師、遺族、がん経験者などが集まり、二〇一二年から地域のメンバーで活動してきたが、一三年の五月、金沢大学附属病院にスピリチュアルペインに対応する専門外来として、「がん哲学外来」が開設された。

時代は少し戻るが、広義でのスピリチュアルな問題における社会的な関心は、一九九〇年代に起きてきた。臓器移植法案をめぐり、脳死は人の死かどうかが議論となった。立花隆が臨死体験を扱った本や、柳田邦男が息子の臓器移植について書いた本も大きな反響を呼んだ。

医療技術が発達したその先で、人の死という問題に、改めて直面することとなったのだ。

## 禅の否定するもの

私ががんを患った二〇〇一年は、医療の現場がスピリチュアルペインに関心を払うようになっていく時期に当たる。

当時の私はそうした流れを巨視的にとらえてはいなかった。

ターミナルケア、デス・エデュケーションという言葉やおよその概念は、その言葉がよく聞かれるようになった一九八〇年代に本を読み、なんとなくは知っていた。自分ががんになってからはスピリチュアルペインが、緩和ケアで対応すべき痛みのひとつに入っていることを、印象深く受け止めた。

他方、がんではあっても岸本英夫の言う「生命飢餓状態」、「生存を続けてゆく見通しが断ちきられる場合に限る。それも目前の近い将来である場合」にない自分が、スピリチュアルペインを感じるとしては、言いすぎになると思っていた。感じると本人が主張すれば他の人は否定しにくいから余計、慎重であらねばならない。身体的、社会的な痛みに還元できない何かがあるとしても、あくまでも心理的なものであり、心を扱う技法によってテクニカルに対応できると考えようとした。

禅への最初のアプローチが、私の「合理主義」を表している。西洋に禅をよく伝えたとされる鈴木大拙の本、それも日本語による著作でなく、英語による著作の翻訳を読んだ。大拙は自ら英語で書いている。私は英語を読む力はないが、彼が西洋人に禅を説明した本の翻訳なら、日本人に向けたものより論理的で、わかりやすいだろうと。

同時代の禅の僧侶で西洋の哲学や科学にも詳しい、玄侑宗久氏の本を読み、書簡を交わすようになった。氏の著作の中でいちばんの驚きだったのは、私が拠りどころとしているもの、すなわち生まれて以来の経験に学び「いわゆる確立されてくる自己やそれを支える知識・分別・価値判断などを、禅は根こそぎ否定する」（玄侑宗久『禅的生活』ちくま新書）ということだ。西田幾多郎の「自己がなくなることで同時にそこから自己が生まれることである」の一文を『荘子』の中の「吾、我を喪う」と併せて、氏は引く。いずれも「捏造された曇った自己（我）が死滅し、そこに本来的な自己（吾）がいきいきと輝く状況だろう」と説明する。

> 通常我々が「自分」と思い込んでいるのは理性で把握できる自己、言い換えれば考えたり疑ったりするデカルト的自己だろう。しかしさまざまな縁によって発現する自分の可能性というのは、本当は無限だし、理性が全て把握しているわけではない。（同前）

自己をなくす方法として、往復書簡で氏は瞑想をして見ることを私に提案する。瞑想とは言葉のない世界に行くことで、別の言い方をすれば「いのち」の感覚のままに放置することでもある。私たちの体は、生まれたときはまだ「わたし」を持たなかった。それ以降の経験や学習、価値判断などにより私たちは自己を練り上げてきたわけだが、瞑想はそんな恣意的な「わたし」から「いのち」を解き放つ作業なのだと。

私にはにわかには承服しかねることだった。禅が否定する理性と判断、それによって私は体の病が心まで蝕むことを防ぎ、尊厳を守ってきた。がんの前と後も変わらない、首尾一貫した「わたし」らしさを保つことで、死の不安がありながらも、取り乱したり、制御しきれぬほど動揺したりすることなく、ここまで来た。

私の拠りどころである自己、私をここまで導いてきた中心軸、精神的な生命線とも言える「わたし」を「なくす」など、受け入れ難いことである。

## 「わたし」を「なくす」

交流のあった臨床心理士に、そのとまどい、もっと言えば反発を、私は話した。たしかに自己は不安や苦悩の宿るところであるから、自己をなくしてしまえば当然、不安や苦悩を免れるだろう。でもそれは果たして禅に独自の方法なのだろうか。医学において、乳がんを免れるため乳房を予防切除するのと、発想が同じではないかと。

特定の遺伝子に変異があり将来乳がんになるリスクが高い場合、乳房そのものをあらかじめ切除する方法がアメリカではよくとられる。私の話した臨床心理士はがん患者のサポートに携っており、乳がんの予防切除についても知っていた。

私の投げかけた疑問に対し彼は言った。「切除」のイメージとは違うのではと。

「そのお坊さんが言う『わたし』を『なくす』の『なくす』は、切除ではないんじゃないかな」

そのひとことは示唆的だった。「なくす」をイコール「切除」と思う。全体から部分を切り分けると考える。私のその発想こそが、禅とほど遠いところにあったのだ。そのことに気づかせたのが、日本のユング派精神分析の第一人者、河合隼雄の本である。

## 河合隼雄の遍歴

河合の著書『ユング心理学と仏教』(岩波書店)は主に、アメリカで行った講演録をもとにした英文の日本語訳だ。英語版も刊行されており、第I章「ユングか仏教か」はそちらでは「Buddhist? Jungian? What Am I?」である。英語版の章タイトルが示すように、そこでは河合のとまどいながらの仏教との関わりが、幼年期に遡って綴られる。

日本で分析に当たるとき河合は、ユング派の意識はあっても、仏教徒の意識、ましてや仏教に基づき心理療法を行っている意識はない。ところが自分のした分析について西洋で発表すると、仏教的な要素が深く関わっていることに気づき、愕然とするという。

幼年期から仏教は河合の身近にあった。父は禅の言葉を座右の銘としていたし、当時の家の常として仏壇も日々目にしていた。河合が四歳で弟を亡くしたとき、母は仏壇の前で泣きながらお経を上げ続けた。そのこともあり仏教は河合にとって死と結びつき、怖れや不安をもたらすものとなり「漠とした拒否感」を抱いていたという。

十七歳で敗戦を迎えると、自分の受けてきた教育がいかに非合理的であったかを知り、日本の神話にまで嫌悪感を持つ。学ぶべきは西洋の近代合理主義であり、そのためにはまず科学を勉強することであると考え、数学を専攻し、高校の数学教師となる。その頃は科学万能主義者に近かったと、自らを振り返っている。

仏教への接近は、思いがけないきっかけからだ。教師になるとたくさんの高校生が悩みの相談に来る。彼らに対応するため臨床心理学の勉強をはじめ、やがてそちらが専門になり高校を辞し、より本格的に学ぶためアメリカに渡る。一九五九年のこと。そのときついた師がユング派の分析家だった。

師の紹介で自分も分析を受けることになり、夢の分析をすると言われ、河合は驚き抗弁する。そんな非合理的なことは信じられないと。夢分析のたびに河合は、その非科学的かつ神秘主義的であることに不平不満を述べ続けながらも、分析家との議論を通し、自然科学とユング心理学との関係を考えるようになった。

あるときユング派の人の集まりで、オイゲン・ヘリゲルの『禅と弓術』を読んだことがあるかと訊ねられる。著者はドイツ人で、哲学とギリシャ語、ラテン語の教師として日本に招かれ、大正から昭和にかけて五年間滞在。その間に弓の師範に弟子入りし、修業した。

そもそもヘリゲルは禅に関心を持っており、日本に来たら禅の指導を受けたいと思っていた。が、周囲の日本人に止められる。禅があなたを論理的に満足させると期待することはできない。まずは禅と関係する日本的な芸道を習うことからはじめてはどうか、と。

ヘリゲルの五年間の道のりは苦しいものだった。自分の中で常に頭をもたげてくる論理実証主義、懐疑精神、ものごとに批判的検討を加える思考の癖。そうしたものと葛藤しながら、ついに弓術を体得する。それは西洋の合理性、論理性が、禅の非合理性、直観性と出会い、対立し、融和に至るまでの記録と言える。『弓と禅』の邦題で、現在も刊行されている（福村出版）。

アメリカでのユング派分析家との交流で、その本の話が出て、自分もかつて読んだことを河合は思い出す。禅について前よりも関心を寄せるようになった。
さらにスイスのユング研究所で夢分析を学ぶ中、日本の神話へも接近していく。ユング派分析家になるための勉強は、面接者として技法を学ぶだけではない。自分が面接を受ける側になる。自分の夢を記録して、それをもとに指導者と語り合い分析する研修を、少なくとも二百五十時間以上行うそうだ。

河合は女性の分析家についている期間、その先生が夢に現れた。夢の中で先生は光に包まれ、河合は跪(ひざまず)きながら、「先生は太陽であった」と思う。その夢を報告する面接で、太陽の女神アマテラスについて述べたところ、河合にとって日本の神話が大きな意味を持つと、先生から指摘される。

河合には衝撃であり、承服し難くもあった。さきに述べたように河合は戦中の教育の反動で、日本の神話に拒否感を抱いていたからだ。しかし繰り返される同様の夢と、日本人が日本の神話に到達するのは自然だという師の助言もあって、嫌悪していた日本の神話の研究に取り組み、ユング派分析家として立つ礎となる論文『日本神話と心の構造』を書き上げた。

身近にあった宗教や民俗信仰と出会い直すために、河合はアメリカそしてスイスまで旅をしなければならなかったのだ。

## ユング心理学と仏教

精神分析とは何をするものなのか。

ひらたく言えば、私がふつう思っている自分が私の唯一の状態ではないと気づかせることだろう。私がふつう思っている自分とは、玄侑氏の言う「わたし」と同じと思っていい。

フロイトは無意識というものを考えた。私たちの心の中には意識していない部分がある。個人が自我を形成していく上で受け入れ難いものとして、抑圧したり排除したりした心的内容だ。

ユングの考えた無意識は、もっと広い。私たちの意識の下には、個人的無意識だけでなく、さらに深くに普遍的無意識があるという。それは個人の経験を超え、人類一般に共通する広がりを持つものだとする。私たちの心の古層のようなものだろうか。

普遍的無意識は意識ではつかみとれるものではないが、睡眠中の夢に立ち現れてくることがある。古くから語り伝えられている神話も普遍的無意識につながるものとして、ユングは重んじた。

河合は述べる。西洋の人々は強い近代的自我を確立することに成功し、それは科学的知識の獲得を促進したが、他方で無意識との接触を失いがちという危険に人をさらすことになったと。

無意識に目を向けることが、なぜ療法たり得るのか。

フロイトは自由連想という技法を用いて、面接者の抱える症状の原因を無意識に探り、原因をあきらかにすることで症状の改善を図る。そこでの無意識は、言うならば意識の下から自我を脅かすものである。

それに比して、普遍的無意識も視野に入れたユングの無意識は、意識の下で自我を支えるものという印象を、私は持つ。「私がふつう思っている自分」は私の一部でしかなく、自分を狭く限定することはしばしば生きにくさをもたらす。

無意識との接触により、意識ではとらえきれない多様な可能性や潜在的なエネルギーを自分の中に感じとり、秘めたる豊かさに気づいた上で、意識の営む日常生活を乗りきれるようにしていく。ユング派の分析はそういうものに、私には思われた。

「意識は、それがたとえどんなに広大なものであっても、つねに無意識という大きな円の中の小さな円たるにとどまる。つまりそれは、〔無意識という〕海に囲まれたひとつの島なのである。そして海と同じように、無意識は、それ自らを絶えず新たに補充してやまない、無数の豊富な生命を産むものであり、われわれがその底を測ることのできない〔無限の〕宝庫なのである。」（目幸默僊（みゆきもくせん）『宗教とユング心理学』山王出版）

フロイトの療法は、原因を特定することにより結果（として表れている症状）を除くという科学的モデルであり、機械的、操作的な概念がそこにある。対してユングの療法はそうしたモデルに則っていない。因果関係の究明による問題解決に慣れた私たちには、わかりにくいものである。

ユングの同時代（一九二〇年頃）の西洋では、ユングの説に耳を傾ける人は少なかったという。

ユングはむしろ東洋の思想に、自分の考えとの親和性を見いだした。鈴木大拙の『禅仏教入門』という本には序文を寄せているほどだ。「自我という形で限定された意識による、非自我としての自己へのブレイクスルー」という言葉が、ユングの禅仏教への評価を示している。仏教は禅や瞑想という、意識の深い層へと下りていく技法を早くから開発していた。

## 切断せず包含

仏教に親和性を感じたユングだが、仏教に帰依したわけではない。河合もユング派の分析家としてユング同様、仏教に急速に接近することはなく、むしろ無意識のとらえ方におけるユング心理学と仏教の差を注意深く検討するなど、慎重に距離を置いている。

一方で、あくまでもユングの考えに基づき心理療法を行いながら、行っている当の自分の「自我」が欧米人と異なっており、そこに仏教の影響があることを認めざるを得なかった。

分析家としてのみならず、アメリカやヨーロッパで遭遇するさまざまな場面で、河合は自分の「自我」の欧米人にない特徴に気づく。欧米人と比較してはるかに、全体との関係性の中で生きていると言うのだ。

具体的な例では、アメリカでの勉強で分析を受ける際、分析家は河合の経済状況などに基づき、安い分析料を設定した。河合はそれを心苦しく感じた。勉強の上でいちばん大事な分析料を安くしてもらい他のことにお金を使っていいのか、食費を削ってでも払うべきではないか。そう申し出ると、分析家は訝(いぶか)しんだ。私は私が妥当と思う料金を決めたのだ。"I don't mind at all. Why do you mind ?" アメリカ人のものごとを明確に切断して論理的に考える態度と、日本人のものごとをつないで考える態度との差異を感じた。「そのような例をあげると切りがありませんが、非常に抽象的に言えば、西洋人の自我は『切断』する力が強く、何かにつけて明確に区別し分離してゆくのに対して、日本人の自我はできるだけ『切断』せず『包含』することに耐える強さをもつと言えるでしょう」。(『ユング心理学と仏教』)

河合のこの一文に接したとき、私は思い出した。

「『わたし』を『なくす』の『なくす』は、切除ではないんじゃないかな」

という臨床心理士からの投げかけだ。

不安や苦悩の宿る部分を切断して取り除くのではない。その部分と他とを分ける境界線を取り払う。切除ではなく、輪郭を失う。全体の中へ「溶ける」イメージではあるまいか。

> 日常の意識においては、ものの差を見ることが大切で、それによって、いろいろなものが弁別されます。そのような区別をより細かく、より精密に行なうことによって、自

然科学が発展します。日常の意識をより洗練することが、自然科学においては必要であり、自然科学とテクノロジーの発展によって、人間は自分の周囲のものを相当自分の欲するままに操作できるようになりました。これに対して、仏教においては、意識のありかたを自然科学とは異なる方向に向かって洗練させようとしてきたと言えます。それはものごとの区別をなくする方向へと意識を変えてゆくのです。これをイメージ的に表現すると、意識のレベルをだんだんと下降させる、とも言うことができます。(同前)

瞑想を受け入れられずにいた私の合理性は、ここへきてようやく反発をおさめた。私にはなじみの薄いものであっても、それもまたひとつの知の体系であり知に裏打ちされた技法だと思うことができたのである。

# 2章　スピリチュアリティの潮流

## 崩れつつある二元論

科学の枠内で体そのものを対象とする医学から、心を主な対象とする精神医学へと私は目を向けた。その流れで欧米の研究者が禅に関心を寄せていると聞き、関心を持った。私にとってはあくまでも精神医学への関心の延長であって、宗教とはとらえていなかった。

禅の僧侶、玄侑宗久氏との往復書簡の中で、「わたし」を「なくす」という考え方に反発をおぼえた。が、自分と同じく合理主義者、科学の礼賛者であった河合隼雄が仏教を「再発見」する過程を読んで、科学とは異なるがそれはそれで別の知の体系だとまでは思うことができた。

別の知の体系は代替知、オルタナティブな知と呼ばれる。オルタナティブという言葉そのものに非合理的、非科学的という意味合いはないが、科学が支配的な知である近代以降はそれと相反するものを指す。

なお、私がずっとその周りを回っている科学、合理性、近代という概念はもう古いと思う人もいるだろう。科学対宗教、主体と客体といった二分法が、ほかならぬ科学の方から崩れてきているではないかと。

たしかに物理学では、一九世紀の物理学（古典物理学）より東洋思想の方に親和性を見いだす動きがある。量子の世界まで分け入ると、位置と運動量といった物理学における基本の値が、同時に測ろうとしても確定できなくなることなどからだ。生命科学の発展は観察や操作の対象を、観察や操作の主体である人間の内部へと拡大する。二〇世紀に入ってからの科学の進歩が、二元論的な構図を揺るがしている。

科学の新しい領域で、そうしたことが起こっているのを頭に置いても、しかし一般に私たちが生死のことに向き合ったとき直面するのはやはり、従来の二元論的な世界観の裂け目ではないだろうか。

最先端の医学で解決できない問題に行き当たったとき、私の接近していったのも科学の代替知だった。それには二方向の経路があった。

ひとつは心の面の解決策を求めた精神医学への関心の延長としての仏教である。

もうひとつは代替療法。これは体の面の解決策を求めてだ。

可能な限りの治療をしても、再発進行し死に至るリスクが残る。リスクをコントロールする術を探すうち、代替療法の情報に行き当たる。

## オルタナティブな知

代替療法とはひとことで言うならば、現在の医学では正統とみなされていない療法である。退院後私は、それらを集めた事典のような本を読んだ。西洋医学の病院を経て、現在はホリスティック（全人的、包括的）医学を実践する著者によるものだ。がんの代替療法を網羅的に述べたもので、ひとつひとつにつき論評はしていない。それでも小さな字の詰まった頁で五百頁以上あった。

きわめて多種多様であり、各種の食事療法、サプリメント、鍼灸（しんきゅう）、気功、ヨーガ、瞑想、呼吸法、催眠療法、イメージ療法、マッサージ、レイキ（霊気）やヒーリングタッチといったエネルギー療法。漢方、アーユルヴェーダなど東洋で長い歴史を持つ療法、ホメオパシー、カイロプラティックのような西洋に起源を持つ療法、高濃度ビタミンの点滴や細胞の分泌するたんぱく質の注射といった現代医学に近いものもある。

合理主義者の私は情報を得ながらも、慎重だった。通常の病院で行われていないのは、有効性が科学的に立証されていないからだろう。科学的な立証とは、実験により再現できる、統計上有意な差が認められる、ということである。

一方でこんな体験もした。手術を受けた病院では退院後も補助化学療法の薬が処方されていた。再発予防を目的とする薬である。だがこの薬は、自らががんを患った医師でも用いている人といない人がいる。そのことをどうとらえたらいいか。

がんの研究機関を兼ねる病院に相談に行った。すると有効性については現在統計をとっているところで、私のようなケースでは補助化学療法を行うかどうかは、医師によって考えが分かれるという。

西洋医学の病院で行われている療法にも、科学的に立証されていないものがある。そのことは強く印象に残った。

科学的な立証のない代替療法と等価とまでは言えない。が、私の中での西洋医学の圧倒的な優位を見直すきっかけとなるできごとだった。

## 理解できないものへの態度

数ある代替療法の中から、私は漢方を選んだ。漢方は手術を受けた病院でも、手術後の腸のはたらきを整える目的で処方されていた。西洋医学の病院に取り入れられていることが、私の抵抗感を弱くした。西洋医学とまっ向から対立、排除し合うわけではないのだ。代替ではなく相補的な知と位置づけられる。

手術を受けた病院と併行して、漢方のクリニックにも通いはじめた。クリニックで行う漢方なら、医師は西洋医学も知っている。クリニック開業には医師免許が必要だからだ。

科学的な思考を訓練された医師が採用しているからは、彼らにも受け入れられる合理性が漢方にはあるのだろう。狭義の「漢方」は中医学が日本で独自に発展したものだが、もともとの中医学は紀元前からの長い歴史と、地理的にも広い支持がある。体系的な医書も作られている。近代科学の方法で立証されていなくても、臨床経験の蓄積と独自の理論に基づいた、それはそれでひとつの知なのだろうと思われた。

それでも漢方クリニックで、服薬と併せて食事療法を示されたときはとまどった。説明によれば漢方の薬は、生姜や山芋など食物に類するもの。食物にはそれぞれ性質がある。漢方薬を飲む一方、逆の性質を持つ食物をとっていると、薬の効果を減じてしまうと言う。

筋道は通っている。しかし食物の性質をとらえる基本にあるらしい「気」については、私にはわからなかった。

人間の体に「気」というものが流れているとされるのは、なんとなく頷ける。鍼治療で「気」の通り道とされる経絡の流れをよくすると、たしかに不調は緩和されるからだ。しかし動物のみならず植物や、調味料のような工業製品にまで「気」のよし悪しがあると言われると、「気」を感じる能力のない自分には、真偽の判断がつかない。

このことに対し、どんな態度をとるべきか。

理解はできない。理解できる方法が他にあるなら、迷わずそちらをとる。それを求めて、がん研究機関を兼ねる病院まで行った。

しかし、なかったのだ。

別な角度から検討する。基本にある考え方は理解不能だが、結果として示される食事内容は常識的なものである。がんの他の食事療法と共通の傾向にあり、ビタミンやエネルギーといった栄養学に照らし合わせても、問題はない。生活習慣病一般を防ぐためには、むしろ推奨される内容だ。

心という角度からはどうだろう。この方法で助かると信じてはいない。医師もそうは言っていない。実践したところで、再発進行するかもしれない。仮に死が避けられないものとなり、その際に振り返ったとき、食事療法を実践していたのとしなかったのとでは、どうだろう。「できることがあったのに、しなかった」では後悔に苛まれる。「できることをしてきて、こうなった」なら自分を責めなくてすむ。

そう考え、実践することにした。

同じ状況の人に漢方について聞かれることもある。その人たちの中には同じクリニックに行き、食事療法の話が出たところで混乱して後で私を問い詰める人もいた。あなたのように合理的な考え方をする人が、あのような非科学的なことをなぜ理解できるのかという。

「理解はしていない、私にとってこのことは、理解できるかどうかではなく、するかしないかの二者択一の問題だ」

と答えると、

「それは宗教に入信する人が言うことと同じだ」

と言われた。

その指摘は私の胸を刺した。

抗弁したい気持ちはある。伝統的宗教の差し出す救いに手を伸ばすことのできなかった知の人々、岸本英夫の煩悶や頼藤和寛の孤高にシンパシーを感じてきた者にとって、これ以上辛辣な指摘はない。しかし言い返す論法はなく、問いだけが自分の中に残った。

宗教を信ずる心と代替知を求める心とは、同じなのだろうか。

## 時代という背景

『癒しを生きた人々――近代知のオルタナティブ』（田邉信太郎・島薗進・弓山達也編、専修大学出版局）という本は、そうした煩悶の中でひかれた本だ。

タイトルに多くのメッセージが含まれている。「癒し」は医療からはみ出た広汎な領域を、考察の対象としていることを示す。そしてそれをオルタナティブな知と位置づけている。「生きた」は「実践」であろう。

実践した当人による主観的な記述でなく、第三者たる研究者が客観的に論じているのも、読みたい気持ちを起こさせた。

取り上げているのは次のものだ。それぞれのキーワードを一文字で、著者らは示している。

坐　岡田虎二郎と岡田式静坐法
霊　大本（おおもと）と鎮魂帰神
心　森田療法の心と癒し
食　マクロビオティックの世界観

## 気　野口晴哉と「全生」思想

岡田式静坐法は岡田虎二郎が創始した、呼吸と姿勢を重んじる静坐法。大本は出口なおを開祖とし出口王仁三郎が礎を築いた神道系の新宗教で、鎮魂帰神という技法を特色とした。人に憑いた霊にはたらきかけ、その人の口を通じて霊に語らせ、病気その他の問題の原因を突き止めて、霊を祓い鎮めることにより解決を図る技法である。森田療法は精神科医の森田正馬が考案した、神経症に対する独自の精神療法。マクロビオティックは医師で薬剤師でもある石塚左玄の提唱を、桜沢如一が発展させた、狭義には食事療法だ。野口晴哉は野口整体の創始者である。

現代にも活動が引き継がれ、健康法として修養として今なお多くの人を集め、海外まで広まっているものもある。森田療法は1章でふれたサイコオンコロジーの医師が、欧米の研究者から禅に次いで質問を受けるものだと言っていた。野口整体はカルチャーセンターの講座でよくみかけ、野口晴哉の本も読まれ続けている。マクロビオティックは海外の著名人が実践していることで知られ、レストランや物販の展開、料理本の相次ぐ出版と、商業的にも一定の成功をおさめている。

これらの癒しの知が生み出され盛んに行われたのは、明治後期から昭和前期にかけてであったという。

明治後期から昭和前期とは、どのような時期だったのか。ひとことで言えば近代化が一段落したときだ。

明治に入り西洋の医学が、体制の医学に据えられた。官学で教える医学に西洋医学が採用され、明治十六（一八八三）年に布告された規則により、西洋医学の試験の合格が医師免許取得と開業の条件となった。漢方は正統の知から外されたのである。しかし西洋医学を修めた者はまだ少数で、一般の市民には漢方のような伝統知、民間療法、民俗知、あるいは宗教知に属する癒しの技や、江戸時代以来の養生法が依然として身近であった。

いわゆる上からの近代化により、病への態度や健康観に急速な改変を迫られた。その揺り戻しのようにさきに挙げた療法が、明治後期から台頭してくるのだ。

遡って幕末維新の社会の変動期には、さまざまな新宗教が興った。それらの多くは病気治しを進んで担い、勢力を拡大していった。

この本の取り上げる代替知は、それら先行の新宗教の伸びが安定期に入ったのちに台頭している。

共通の特徴は人間を、精神やときには霊との相互作用、さらには人間を取り巻く自然や環境といった場を含めてとらえることだ。生活の場に即してとらえる。「いのち」

の全体性や生のリアリティに軸足を置く立場と言えようか。

例を挙げれば、岡田式静坐法は体の重心と心の重心を安定させ、健康に資するのみならず、精神の修養にもなるという。森田療法では不安は「生の欲望」の裏返しであるとして、不安を取り除きはせず、絶対臥褥により不安と向き合わせるとともに活動意欲を刺激した上で、布団の上げ下ろしや掃除、草むしりといった軽作業で体を動かすことから、心にはたらきかけようとした。環境との関わりで言えば、マクロビオティックがわかりやすい。桜沢は食物を陰、陽、中庸に分け、それらには産地も影響するとし、暮らしている土地でとれた食物をとっていれば体も心も安定し環境とも調和するという「身土不二」の原則を打ち出した。

明治維新で正統の知に据えられた西洋医学が精神と体を分け、体をさらに臓器別に分けて物質による操作を加えるという機械論的な立場なら、それへの反動で出てきたものに、こうした特徴のあるのは頷ける。

代替知への接近には、時代という背景が深く関わっていた。

## 第三の項へ

しかしこれらの代替知は、プレ近代への単なる逆戻り、復古主義でなかった。この点を著者らは強調する。

一例を挙げれば、大本は幕末維新期に台頭した新宗教同様、病気治しのニーズに応えながら、独自の霊学を展開した。諸現象を霊のはたらきに還元し、原因となっている霊を突き止め取り除くところには、結果に対する原因を特定して問題解決を図る、科学にも似た「合理性」がある。人々の前で行われる鎮魂帰神の技法は、公開「実験」とも言える。宗教的な病気治しの「近代的な再編」ともとらえることができ、この時期の日本に出現した大衆社会に適合する、新しい説明原理という役割を担っていたと、指摘している。

マクロビオティックを見れば、食物のナトリウム、カリウムの分析と陰陽とを統合し、食物や健康のみにとどまらず、「身土不二」のように現代のエコロジー運動を先取りする、自然との共生思想を打ち出した。すなわち近代科学の知識や方法を取り込んだ上で、自然に対し支配的な近代科学へのアンチテーゼを示している。

このように彼らの思想と実践には合理と非合理、近代と伝統、科学と宗教といった二分法的な枠組みでは捉えきれないものがある。彼らは合理・近代・科学を見据えながら、非合理・伝統・宗教への安直な回帰を拒み、もうひとつの道（オルタナティブ）を目指したといえよう。同時にそれは西洋近代医学の治療とも、もちろん伝統的な養生や病気治しの救済とも異なる、第三の項（癒し）を志向するものであったと我々はとらえている。（『癒しを生きた人々――近代知のオルタナティブ』）

## ポストモダンの現象

戦争に向かっていく社会・文化統制で、これら代替知に基づく療法や活動は、昭和前期でいったんは勢いを失う。

しかし一九七〇年代以降、彼らの営みを改めてとらえ直そうとする動きが出てきていると、著者は言う。これこそが、過去に流行(はや)った療法について現代に書く意義であり、私が読む動機でもある。今日のことは今日だけに目を向けていてはつかめない。時間軸を長くとると見えてくるものがある。

この本が焦点を当てた明治後期から昭和前期と一九七〇年代後半から現在までとは、どのような関係にあるのか。

近代化の一段落期という点で、共通する。

前者は維新後の殖産興業、富国強兵の一段落期、後者は戦後の高度経済成長の一段落期である。

後者について近代化という語を用いることに違和感をおぼえる人もいるかもしれない。たしかに学校で習った歴史では、戦後は「現代」となっていた。

「近代化」とは、そうした年表上の時代区分とは別の概念だ。社会学者デイヴィッド・ライアンの整理がわかりやすい。近代化とは「技術に導かれた経済成長と結びついた社会的政治的過程」と要約し性格づけられる。（デイヴィッド・ライアン／合庭惇訳『ポストモダニティ』せりか書房）

産業化という概念とも近い。産業化は工業化とも訳され、農業中心から工業中心へと産業構造が変わることである。それに伴い社会にさまざまな変化が起こる。分業化、機械化、組織の巨大化、官僚制の発達、効率主義化、生活全般にわたる合理化、労働者の増大・疎外、都市化、大衆社会化、共同体の解体、世俗化。列挙のみにとどめるが、これらのキーワードからも近代化の様相が見えてくる。世俗化についてだけ説明を加えれば、宗教の影響力が後退していくことで、共同体の解体と学校教育の普及による科学的合理的な知識と思考の広まりにより、この世俗化が進むという見方が、戦後間もなくの社会学では勢いがあった。

こうした過程が先進諸国では、一九七〇年代に終わりを迎えたと受け止められ、八〇年代にポスト近代や脱産業（工業）化が盛んに論じられるようになる。

その一九七〇年代に、近代知のオルタナティブへの関心が再び高まる。そしてそれは日本に限った現象ではなかった。先進国を中心に一定の共通性をもって世界的に広がっていると『癒しを生きた人々』序章の著者はいう。

医療の分野でもこの頃から、ホスピス運動をはじめとして、近代医学が対象としてこなかったスピリチュアルな問題への関心が払われるようになったのは、1章で見たとおりだ。

## ベクトルの交わるところ

これに関連して、科学哲学、医療政策、社会保障論を専門とする広井良典（よしのり）が『生命と時間——科学・医療・文化の接点』（勁草書房）で書いていることは興味深い。

著者はまず脱産業化社会についての、経済学者の村上泰亮（やすすけ）の見方を引く。そこでは脱産業化社会が二つのベクトルから成るとする。ひとつはハイテクノロジーや情報化、通信ネットワークの高度化に代表される「超産業化」ないし「スーパー産業化」という方向。もうひとつは、生産から消費への価値観の変容、環境あるいは自然と人間の関係の見直し、反科学主義などとして現れるような「(狭義の) 脱産業化」ないし「反産業化」という方向である。

その上で医療に目を転じれば、医療技術の一層の高度化は前者のベクトルに、キュアからケアへという流れは後者のベクトルに沿っている。そして二つの異なるベクトルがもっとも先鋭的にぶつかり合うのが終末期医療や高齢者医療だと、広井は言う。

では、この二つのベクトルは拮抗し矛盾し続けるものなのか。そうではあるまいと著者は述べる。「生命」というコンセプトこそが、相反する二つのベクトルを統合する唯一の基本理念であるように思えると。

「第三の項」を志向した明治後期から昭和前期までの代替知に、共通の特徴として「いのち」があった。そのことと、脱産業化のベクトルを統合する「生命」というコンセプトが符合する。

## 島薗進の視点

話を戻すと、ポストモダンへの転換期である一九七〇年代以降に起きたさきの動きを、宗教学者の島薗進は「新霊性運動・文化」と名づけている。『癒しを生きた人々――近代知のオルタナティブ』の著者のひとりである。

この「新霊性運動・文化」に焦点を当てた本を島薗は著している（『スピリチュアリティの興隆――新霊性文化とその周辺』岩波書店、『精神世界のゆくえ――現代世界と新霊性運動』東京堂出版、『現代宗教とスピリチュアリティ』弘文堂）。一九六〇年代のアメリカでベトナム反戦運動とともに盛り上がったカウンターカルチャーが先行し、一九七〇年代のニューエイジ運動、少し遅れて日本で台頭してきた「精神世界」をも含む。「精神世界」と呼ばれるものの輪郭は漠としている。定義づけを試みるより、書店の「精神文化」の棚に並ぶ本のテーマを挙げる方が、その内容をつかみやすい。癒し、自己変容、輪廻転生、臨死体験、気功、ヨーガ、瞑想、シャーマニズム、アニミズム、意識の進化、神秘体験、トランスパーソナル心理学、ホリスティック医療、ニューサイエンス。こうした棚が「宗教」の棚とは別に、日本の書店に設けられるようになったのは、一九七八年からという。ちなみに1章で一九二〇年頃のヨーロッパでは受け入れられなかったと書いたユングがよく読まれるようになったのも、一九七〇年代だった。

新霊性運動・文化の基礎にあるものは、著者の次の言葉に示される。

事実、近代科学は多くの問題に解答を与え、健康や快適さや欲望充足の面で人類の福祉に大きく貢献してきたように見える。しかし、その一方で、多くの困難な問題を生み出してきたようにも見える。一九七〇年頃から、そうした認識が広く共有されるようになってきた。たとえば資源・環境・人口問題は、近代科学の成果を利用することによってもたらされた面が大きい。また、科学的知識やテクノロジーを駆使した武器により、大量の人びとが短時間に殺される可能性が生まれた。

一見、平穏に見える日常生活も科学やテクノロジーの影響による危険や疎外感に満ち満ちている。生死の問題に対して、医学は十分な答えをもたず、病人をケアする機関として近代的病院は多くの欠陥を抱えている。少なくとも科学に過大な期待をもつのは誤りであり、科学からアイデンティティの基礎になるような思想や権威を求めるなどということは考えない方がよいという態度が広まるようになった。（島薗進『スピリチュアリティの興隆』岩波書店）

社会状況についての一般論として読まれるかもしれないこうした文章が私には、私個人の問題をとらえたと思えるほどの重さを持っていた。たしかに科学は健康と福祉の増進に貢献した。医学の最先端の知識と技術をこの身に適用されて、私は生きている。

最大限の恩恵を受けたからこそ、同時にその限界もごまかしようなく感じとる。その先は科学も解を持たないところだと知る。文明史のこの数十年の経験と、私いちにんの経験と、規模は違うが構造は同じように思われる。

島薗の巨視的な見方にふれて、自分の周囲に動いていたスピリチュアリティの潮流にも目を向けるようになった。

## 「精神世界」の隆盛

一九七〇年代に若者の関心が政治から宗教へ移っていったのを、同年代の青年のひとりとして島薗は気づいていた。島薗は一九四八年生まれで、東京大学の医学部から宗教学に転じた経歴を持つ。最難関であり将来性も高い医学部からの転部は、きわめてまれだ。身の回りに育ちつつあると感じた「精神世界」の潮流は、掘り下げるべきものがあると思わせる何かを持っていたのだろうか。

私がキャンパスに足を踏み入れた一九八〇年には、政治の季節は終わっていた。デモや集会もほとんど行われていなかった。

代わりに見かけたのはサークルや自主セミナーのポスターだ。『チベットの死者の書』を読む会。タオ研究会。唯識論、華厳（けごん）哲学、マンダラ、十牛図（じゅうぎゅうず）、占星学、神智学、シュタイナー教育。宗教の勧誘もよく受けた。

自己と世界とのつながりや生きている意味の確認は、社会変革を通したものから、「精神世界」に探るものになった。自己の外側から内側へと、方向を転じたのである。逆に言うと方向は変わっても、確認したい欲求は変わらずあるのだ。なぜ生まれてきたのか、どこから来てどこへ行くのか。序章で私が幼年期の不思議として挙げたそういった問いは、表現する言葉を持たない頃から、おそらく人は誰でも抱く。

宗教が基礎教育に入っていれば、答えそのものでなくとも考える糸口くらいは示されるのかもしれない。日本ではその機会はほとんどなしに成長する。科学的な思考、社会的な態度を身につけるとは、自己にとっての世界の意味を保留して、客観的に世界を見られるようになることだ。「精神世界」の台頭は、公的には答えへの道すじがなかなか与えられない部分を補完するものだとも言える。

教官の指導するセミナーにも、「精神世界」の潮流は静かに入り込んできていた。ある授業の副読本は、先住民の呪術師に弟子入りした民俗学者、カルロス・カスタネダの著作だった。ある授業の合宿セミナーは、瞑想や体を使ってのエクササイズが中心だった。試験らしいものなしに単位を取得できると聞いて、私は参加した。

カーテンを閉めた室内で、瞑想の伴奏曲のようなものが流れる。参加者は目を閉じて、体がひとりでに動き出すのに任せる。周囲の気配がしだいに揺れる。床を踏みならしたり、飛び跳ねたりする音。激しくなる息づかい。叫び声を上げる人もいる。

私は自己に集中するどころか、周囲の動きや奇声にとまどい、ぶつからないようにするので精いっぱいだった。これがトランス状態というものか、自己解放というものか。ほんとうにそうなのか、あまりに容易に過ぎないか。トランス状態を味わいたい、自己解放してみたい、そのことに性急なあまり、そういう気になっているだけではないか。意志で手足を動かしながら、ひとりでに動いたと思い込んでいるだけではないか。そんな疑いで頭の中がいっぱいになった。

曲調が変わると、動きを止めて、目を閉じたまま足を組み掌を上に向けて瞑想を続けるよう、教官から指示される。私は掌から何かすうすうと流れ出していくような感覚をおぼえ、大河に注ぎ込む川を連想したが、そのイメージをすぐに打ち消す。掌にかいていた汗が冷えていく、その気化熱が奪われていくだけだと、あくまでも科学的に考える。

感じることを「精神世界」と結びつけるのに、それほどに私は慎重だった。

一九九五年に地下鉄サリン事件をはじめとするテロ事件を起こしたオウム真理教で教団幹部だった人の多くは、八〇年代をキャンパスで過ごしている。あの頃のキャンパスにおける「精神世界」の隆盛を思うと、そこからオウムへはすぐだったのか。いや、と首を振る。ただでさえ個人主義的と評された自分たちの世代である。個人主義的な行動パターンを捨てて集団に帰属するには、「精神世界」からの単なる横滑りではなく、何か強い自己変容への動機づけが必要に思われる。

## 個人の聖化と脱産業化

オウム真理教の事件により「精神世界」は、社会での居場所を失って、潮流は途絶えてしまったのか。

そうではない。むしろより広く、より身近なところまで浸透している気がする。本を読むという手続をとらなくても、本を読まない人々にも接近しやすい、より大衆的な消費と結びつきやすいかたちで。

二〇〇〇年代にはスピリチュアルブームが起きた。テレビで芸能人が前世や守護霊の話をして盛り上がる。パワースポットが紹介されて観光地なみの賑わいを呈する。パワーストーンを身につける、風水インテリアで運気を呼び込む、ヨーガのクラスで体と心を整えて人間関係もよくしていくといった発想は、今の女性にとって特別変わったことではない。伊勢神宮に行ったとき、小さな別宮で職員が言っていた。去年はここまで来る参拝者はほとんどいなかったのに、今年は多い、今年はここに祀られている神のパワーが強いという情報がネットで拡散されたらしいと。高野山が東京の表参道に期間限定で開いた「高野山カフェ」はランチに私も行ってみたが、一時間半前から人が並び満席で入れなかった。高野山から出向いてきている僧の法話を聞きながら、精進料理を食したり写経や瞑想を体験したりできるというものだ。

広井が整理した「脱産業化」の二つのベクトル、情報化、通信ネットワークの高度化という方向、反科学主義的な方向の二つは、スピリチュアルブームの中の個々人の行動において巧まざる統合をみせている。

さきに述べたとおり社会学では従来「世俗化」の論調に勢いがあった。教育の普及に伴う科学的知識と合理的志向の広まりや共同体の機能低下によって、宗教は衰退していくだろうとの予測である。

『スピリチュアリティの興隆』における「社会の個人化は宗教の個人化をもたらすだ

ろう。だが、その社会の個人化が個人の宗教化をもたらし、その結果、社会の再聖化や公共宗教の復興をもたらすのだ」との島薗の文章は、それとは違う見方を示している。社会の個人化がイコール世俗化を推し進めるものとは言えない。

引用した文章の「公共宗教の復興」に関しては、欧米と日本では状況が少しく異なる。欧米のカウンターカルチャーやニューエイジは、彼らの伝統にはもともとなかった東洋の宗教に関心を寄せた。禅やインドの瞑想がそうである。日本の新霊性運動・文化は、伝統的文化や宗教と切れていない。むしろ親和性や連続性を持っている。

他方、宗教哲学者で浄土真宗の僧侶でもある大峯顯（おおみねあきら）は、そうした動きは宗教の再生や復興のように見えやすくとも、あくまでも擬似的なものであるとする。大峯は現代の日本を、世俗化の進んだ非宗教的な社会とみなす。スピリチュアリティの潮流としてここで取り上げてきた動きは視野に入れつつも、個人の聖化や社会の聖化につながるものとは考えていない（大峯顯『宗教の授業』法藏館）。世俗化についての見解の相違は、宗教の機能、機能という言い方が軽すぎるなら本質を、どうとらえるかにより変わってこよう。

二〇〇〇年代のスピリチュアルブームが際だった印象を残した、スピリチュアリティの潮流。このままより広く浅く拡散し、表層的になっていくのだろうか。

仮にそうだとしても、倒したバケツの水のように先端が限りなく薄くなりついには止まってしまうような、そうしたことは想像しにくい。自然災害や原発事故の影響で目に見えないものが自分と深く関わっていることを、前にもまして感じている。それはもはや現代日本に生きる者の常識と言っていい。世俗化と見られやすい消費と結びついたスピリチュアルが継続するかたわら、川のところどころに現れる淵のように深化する部分も出てくると思われる。

## 鈴木大拙の霊性

代替知への接近を、「宗教」に入信する人の言うことと同じだと人から評され反発をおぼえた私も、スピリチュアリティという言葉には違和感がなかった。伝統的宗教をそのままでは受け入れられず煩悶しながら自分なりの死生観をうちたてようとした岸本英夫らにシンパシーを抱いていた私にとって、スピリチュアリティは、私の中の「知」の人と「祈る」人とが折り合えるところだった。

スピリチュアリティという言葉を積極的に用いた人に、鈴木大拙(だいせつ)がいる。大拙は日本語でも英語でも本を著している。それらを対照すると、「スピリチュアリティ」に日本語の「霊性」を当てている。

日本語の著作『日本的霊性』（岩波文庫）ではまずこの言葉を説明する。なぜ霊性なのか。心と言ってはいけないのか。

心と言うとどうしても、心対体、あるいは心対物質という既存の二元論でとらえられがちだ。私たちがふつうに心というとき心の中に包みきれないものまでを、霊性という言葉で含ませたいと大拙はしている。

精神ではどうなのか。これも精神対物質という二元論でとらえられがち。霊性はむしろ、精神と物質との対立に私たちが悩むとき、それにふれると二つの対立による苦しみが自ずと消え去るものだという。精神と物質から成る世界の裏に、いまひとつの世界がひらけて、そこでは二つが相克せず相即相入するのだと。

二元論を超えるものとして、心とも精神とも違う、霊性という言葉を提示する。また私たちがふつう精神というとき、そこには自我の残滓がある。禅では「なくす」ようめざすと玄侑宗久氏に言われた「わたし」が、まだいるのだ。

次のようにも大拙は述べる。精神には倫理性があるが、霊性は倫理性を超越している。精神の意志力は、霊性に裏付けられてはじめて自我を超越したものになると。

精神は分別に基づくが、霊性は無分別知であるともしている。

さまざまな仕方で大拙は、霊性の説明を試みる。

『日本的霊性』では解説者の篠田英雄が、さらに霊性は心のもと、心のはたらきの出どころ、知、情、意の三つをはたらかせる原理であると言う。

サイコオンコロジーの医師との対話で印象的だった、知、情、意の言葉に、ここへ来て再びめぐり合った。

## 宗教的でなくスピリチュアル

これまでの私は情をとりあえず置き去りにして、知の先導により意志決定をしてきた。その方法は効を奏したが、これからは知、情、意の三つの調和をとりながらまることはたらかせないと、うまくいかない局面が出てくるかもしれないというのが、サイコオンコロジーの医師の指摘である。

その言葉が頭に残っている私には、大拙の本のこんな数行も読み過ごすことのできないものだった。

このままの存在——知性的分別と道徳的当為だけの存在——では満足出来ぬものがある。何かわからぬが、それだけのものでなくて、人間を超えた、さうして人間に最も関係の深密な何者かがなくてはならぬと云ふ感じ、それに対するあこがれが、吾等の方にあるのです（鈴木大拙『仏教の大意』法藏館）

当為とは、あるべきこと、すべきことを指す。さきに出てきた言葉のうち、倫理性や意志に近いものだろう。

分別は、知に対応する。

分別と当為。まさにその二つを私は重んじてきた。主に分別知と意志で、自分を導いてきた。

一方で「人間を超えた、さうして人間に最も関係の深密な何者かがなくてはならぬと云ふ感じ」は、私の中にたしかにある。

「人間を超えた、さうして人間に最も関係の深密な何者か」への希求が、スピリチュアリティなのだろう。「宗教」的ではないがスピリチュアルであるという現代人のひとつの典型に、私もまたあてはまる。病を機に生死のことに向き合う中、「置き去りにして」きたのは情というより、霊性かもしれない。

大拙は霊性を、宗教意識と言ってよいとしている。霊性にめざめてはじめて宗教がわかると。他方、一般に言われる宗教は「制度化したもので、個人的宗教経験を土台にして、その上に集団意識的工作を加えたもの」として、宗教意識と区別する。(『日本的霊性』)

島薗進は次のように整理する。聖なるものとの関わりをめぐることがらを、宗教は主に個々人の外部にあるシステムの側面から、スピリチュアリティは個々人の内部から見ていると。「かつてはシステム性が目立つ現象だったのが、今は個人性が目立つ現象になってきた」。(『現代宗教とスピリチュアリティ』)

この整理の仕方は、もっとも私の実感に合うものだった。

## 玄侑宗久との往復書簡

私の関心は外部システムではなく、内的経験の方にある。玄侑宗久氏から往復書簡で提案された瞑想は、そうした経験へ導くもののひとつだ。

学生時代の合宿セミナーでは、他の人の動きが気になりまったく入っていけなかった瞑想だが、提案に従い今度はひとりで行った。書簡での助言により、仰向けに寝てせせらぎをイメージし、水の揺らぎに体を任せてみる。無意識を志向する意識はしだいに薄れ、やがて体の自然なふるまいに委ねることができるだろうと。

瞑想は「わたし」という「閉じた系」から「いのち」を解放するものだと、書簡をもとに考えた。しかしなかなかそのとおりには進まない。このままもし寝入ったら風邪を引くのではと布団をかけたり、布団が自然な動きを妨げるのではとやはりはいでみたりする。なおも続けると足の裏がすうすうする感じが生まれたが、それも自分が外界に対して「開かれた系」になったわけではなく、靴下を履いていないからではとか隙間風が吹いているのではと考える。まだ起きていないことを予測したり、原因探しをしたりする思考である。

書簡で氏に報告すると、折ふしに顔を出すそうした判断を笑われた。瞑想のじゃまをする理性の強固さに呆れられた。

『般若心経』を唱えることも提案された。これはまず唱える前段階の全文を覚えるところからして、理性との格闘だった。

丸暗記とは、文字どおりまるごと受け入れることだ。ふだんの自分なら、意味がわかった方が頭に入りやすいと思い、まず意味を知ることからはじめるが、ここでは漢字の脇にふってある読みがなを、わけもわからぬまま音読した。分ける知とは正反対である。

玄侑氏は『般若心経』を四歳のとき、これを言えるようになったらお小遣いを遣ると言われて覚えたそうだ。四歳では漢字は読めない。四歳の子が漢字という手がかりなしで覚えられたのに、なぜ自分はこんなに時間がかかるのか。玄侑氏によれば大人は「我」があれこれと判断を下したがるから丸暗記しにくい。分別知のはたらこうとするのを抑え込み、ひたすら音読を繰り返す。掛け算九九以来の経験だ。

暗記をしたら声に出して唱える。声に出すことが肝腎である。暗唱とは不思議なもので、ほんの少しでも考えが頭をよぎると、とたんにつかえる。つかえずに唱え続けていると、自分の意志とは無関係に音が次の音をひとりでに引き出し、自分は単に音の連なりが通り過ぎていくだけの一本の管のような感じがする。自分の感じたことを霊的なものと結びつけるのには一貫して慎重で懐疑的であった私も、この自分が中空の管になる感じは、玄侑氏の言う「わたし」を「なくす」に近いものかと思わざるを得なかった。

## 「而今」の体験

暗唱をしているとき意識は「而今(にこん)」にあると、玄侑氏は言う。「而今」とは目的論も因果律も届かないような、三昧(さんまい)にある時だそうだ。

たしかに、すでに口から出て過ぎ去った音を意識が追いかけたり、次に出す音を頭の中で先取りしたりすると、とたんにつかえる。あるのは常に「今」「今」「今」。音の連なりは、すなわち「今」の連なりである。暗唱をするとき、その間だけでも「而今」を体験している。

往復書簡は一年近く続いた。さまざまな話をした。河合隼雄が言及したヘリゲルの弓についても語った。滞日中禅に通じる体験を求め、弓を習ったドイツ人。西洋合理主義と東洋神秘主義の衝突と融合と言うべき、オイゲン・ヘリゲルの体験だ。

腹式呼吸からして、ヘリゲルは承服できなかった。呼吸器官は肺であるのに、生理的に不可能ではないかと。師範はヘリゲルに言う。矢を放とうと意志してはならない、自然な放れを待つのだ、的に当てようとしてはならないと。ヘリゲルは抗弁する。矢を射るのは的に当てるのが目的。意志するなと言われても、この目的と手段の関係を取り除くことはできないと。

師範が彼を諭した言葉が印象的だ。「あなたは、意志の行わないものは何も起こらないと考えていられるのですね」。

弓から派生し、宮本武蔵の『五輪書』や沢庵禅師の『不動智神妙録』といった武道の本に話が及ぶ。『不動智神妙録』はがんになった後で読んでいた。この先余命が限られても取り乱さない不動の心を養っておきたいと考えた。

沢庵も武蔵も共通して言うのは、心を一箇所に留めおくことが不動ではないということだ。「何処に置かうとて、思ひなければ、心は全体に伸びひろごりて行き渡りて有るものなり」（沢庵）、「心をまん中におきて、心を静かにゆるがせて、其ゆるぎのせつなも、ゆるぎやまぬやうに、能々吟味すべし」（武蔵）。

## 「いのち」との関係

一年近くの往復書簡で、どれほど変われたかわからない。自己変容ができたと思い込むことに慎重な私は、書簡の最後にむしろ変わらないものを確かめるように書いた。「これからも日常の大半の時間を、私は『わたし』として認識し、判断し、行動していくだろう。多くの場合、それは有効ですらあるだろう」。

その後で但し書きのように付け足している。「だが、有効であっても唯一ではないと、他のありかたに比べて正統でもないと、これからはわきまえていく」と。

玄侑氏も認めている。人間である限り「わたし」を完全に「なくす」ことなどあり得ない。であるからこそ禅は「而今」を繰り返すことで「わたし」の輪郭を少しでも薄くしたいと願うのだという。

玄侑氏が再三書いているのが、「わたし」と「いのち」の関係だ。「いのち」は「わたし」の生まれる前からある。「いのち」に「わたし」がいっとき宿るのだと。「いのち」が存在の実相で、「わたし」は頭で作り上げたフィクションでしかないという。

はじめにそう読んだとき、逆ではないかと私は思った。「いのち」が「わたし」に宿っている、「いのち」が「わたし」の一部分だろうと。なぜって私の体の諸器官が停止すれば命は終わる。たしかに、私の体が土に還り、その土から芽が出て、その草を虫が食べて、虫を鳥が食べてといった意味での命の連続はあるだろう。が、それは灰をおさめた骨壺も壊れて形をなくした後という、相当に長い年月のことだ。頭では理解できても、実感からはかけ離れている。植物も動物もひとつの生態系をなし人間もそれに属するものだ、といった類の知識、それこそ知性によってとらえられるものだろうと。

自分の命があと数年単位なのか数十年の単位なのかと気を張っている今、そんな長いスパンの命のことを考えられない、という反発もあった。

が、往復書簡をするうちいつの間にか、「わたし」が「いのち」にいっとき宿る、「わたし」⊂（部分集合）「いのち」という発想が自然なものになってきた。それだから残りの命があと数十年から数年になってもいいとは思えない。死をできるだけ先のことにしたい気持ちも変わらない。それとは別に、「わたし」を超えた何かもっと全体的な「いのち」があるらしいということは、食物連鎖とか生態系といった知識を介さなくても、すなわち頭を通さなくても、感じることのできるものになっている。

大峯顯は、『宗教の授業』で次のように言う。現代の私たちには、個体としての生命の輪郭だけが強く意識され、身体が死滅すれば生命もまた終わると思っている。そこでは宗教は、個体的なものに決まっている生命に対しての心情の合理化か、個体の次元での生命の拡大を不合理な仕方で求める主観的信念にすぎないものとみなされる。

往復書簡をはじめた頃の私はその典型だ。関係を表す記号は逆向きで「わたし」⊃「いのち」という発想だった。1章で「知」の人の苦しみとして挙げた頼藤和寛もそうだろう。自然現象に人間的道理は通用せず、来世を前提とする世界観は願望の鏡像であるとした。

宗教的信仰とは、生命に対して個人が抱いている観念とかイデオロギーではないと、大峯は言う。「個人の内にはたらいている普遍的な生命そのものの要求に自分をまかせて生きること」だと。個人と普遍の対比に目が向きがちな文章だが、「生きる」という動詞と、「観念」との対比関係にも着眼したい。宗教的信仰は観念の中にでなく、実践にあることをも述べている。

## 潮の満つるとき

往復書簡の終わり近くに私は、かつてサイコオンコロジーの医師との対談をまとめた本を読み返した。そして自分がその頃とは違ったところに来ていると感じた。そこで語られた精神医学的あるいは心理的な情報や対処法は、引き続き自分に有効だと思う。これからも折りにふれそれらの情報を援用し、それらの対処法をとるだろう。

一方で、その頃の自分を少し距離を置いて見ている。私はほんとうに、制御という意識が強かったと。『不動智神妙録』のような武道書を読んだのも、そうした意識からだ。この先どのような局面が来ても、動揺しない心の態勢を作っておきたいと考えた。

治療から五年が過ぎれば、危機は去ったといわれる。が、往復書簡をはじめたばかりの頃の自分は、仮にその日を迎えても、構えを崩せるようになるとは、思えなかった。過去のことにできたつもりになっていて、ある日突然、死につながる病を告げられる、あの不意打ちを再びは受けたくない。（玄侑宗久・岸本葉子『わたしを超えて――いのちの往復書簡』中央公論新社）

往復書簡の結びではそうした自分を、より大きな構図の中で、次のような人の姿としてとらえる。

そう考える私は、大海のほとりの岩場に佇立（ちょりつ）し、足をすくませているも同じだった。ずっとここで、踏みこたえてきた。踏みこたえられてきた。その岩を自分から蹴って、泳ぎ出すときが来るなど、想像できない。

けれども、それは違っていた。私はあたかもむき出しで、風や波と対峙しているかのつもりだったが、気がつけば無縫の天衣にくるまれて、いつの間にか足もとまで寄せてきた潮に、おのれを包む布もろとも持ち上げられ、自然と岸辺を離れていたのだ。大いなる潮の流れの前には、蹴るか蹴らないか、今がそのときか否かといった、はからいの入る余地はなかった。

そのうち私のことだから、ゆくてのわからぬことに耐えられなくなって、抗おうとするかもしれない。もがくうちに天衣を失い、溺れかけ、どこかの岩場にしがみつくこともあろう。

でも、今は思い煩わない。

私を運ぶ思いがけない浮力に驚きながら、いのちの豊かな満ち潮に身をゆだねることにしたい。

潮、岩場、波。無意識に用いた海の比喩に、そののち私は別のところで出会うことになる。

## 海のメタファー

大峯顯は著書において、親鸞の残した言葉を読み解いている。『宗教の授業』は放送大学のテキストをもとに書かれた本で、私にはとりつきやすかった。

その本によると親鸞にとって海は、浄土真宗の根本思想のメタファーとなっているそうだ。

まず私たちが今いるこの、凡夫の世界がそうである。「生死（しょうじ）の苦海」「衆生（しゅじょう）海」「無明海」などの言葉で表現される。

そして阿弥陀如来の「本願海」も、同じく海という言葉で表現されている。

この二つの海、私たちをすくい取る海と私たちがいる海とは、どのような関係にあるか。

海そのものが変わるという。自力のはからいを捨てたとき、私たちがいながらにして海そのものが不思議な転回をすると、親鸞は説いている。

自力をたのんで泳ぎ渡ろうとする限り、底なしの底へ引きずり込もうとする生死海が、自力を捨てて如来のはからいに任せると、不思議にも海が私たちを浮かばせるたのもしいものに変わるのだと。

往復書簡をしていた頃、私は親鸞を読んでいなかった。大峯の本の読者でもまだなかった。浄土真宗は他力宗、禅は自力宗、異なる方向からの入口と思い、私は後者の門をくぐった。くぐったという言い方が、往復書簡を交わしたくらいで許されるかどうかはわからないが、ともかくもまずそちらの門へ近づいた。

その先で同じ海という比喩に行き当たった。

河合隼雄の本を通してユング心理学に少しふれた今は、そのことを単なる偶然とせず自分にとって意味ある一致ととらえたい思いにかられる。大峯の次のような整理は、その思いを支える。大乗仏教は、いわゆる自力門と他力門とを問わず、生前という原理の真理を説いてきた。生と死との対立を超えた次元を死後の生といった未来の方向に求めない。生と死の対立以前、生と死がいまだ分かれなかったところ、生の以前に、対立の克服がある。生死の不安の解決は、「生まれる以前」の世界を発見するところにあるというのが、自力門、他力門の別を超えた大乗仏教の特質のようだ。

「わたし」が生まれる前から「いのち」はあったという玄侑氏の言葉が、ありありと思い出された。

## 親鸞の絶対他力

生まれる前からある「いのち」、大峯の言う普遍的な生命は、何をイメージすればいいのか。

例えば私は旅先で、何千年と生き続ける杉の木を見た。数えきれないほどの蛍が同調し周期を揃えて発光するのを見た。

そうしたものに「いのち」を感じたと書くのはたやすい。しかし私の中の点検機能がまたはたらく。病を得て人は生死のことに感じやすくなるというストーリーに沿った文章上のふるまいをしているだけではないか。

人間は言葉を操る生き物だから、修辞によって感慨を作り出し増幅させることができる。つまりは旅先で私が感じたとする「いのち」も、頭が構築したフィクションではないか。疑いはじめると杉の大樹や蛍の群舞を「いのち」の例に挙げたところで、自分への説得力を欠いてしまう。

でも例えば、スピリチュアルな関心とはまったく別のところで読んだ本で、次のような文章に遭遇すると、「いのち」という言葉こそ遣っていないがそのことを書いていると思うのだ。

> 街角でさして来る斜光を浴びて一瞬世界が変貌したり、空を圧する密雲の切れ目に一筋塗られたコバルトを見出したりするとき、現世を超越していま在るという思いは偽わりではない。義しいか義しくないかも、最早問題ではない。自分が悪念のすみかであろうと、世界が歪んで不正に満ちていようと、何か自分を超えた大いなるものが自分の前

に、束の間顕われたのであることは、そのときの自分の感覚が保証している。

歴史家であり思想家、渡辺京二の『幻影の明治』（平凡社）の中の一節である。著者は一九三〇年生まれ、戦後間もない十七のときに共産党に入党した。義がこの世の一隅であれ存在してほしかったからだと、少年の心をコミュニズムがとらえたわけを、その本で述べている。

二十代半ばで党を離れ、アカデミズムとも距離を置いて研究を続け、独自の視点と豊富な読書体験から日本の近世近代をとらえ直した著作で、注目されるようになった。

街角で遭遇する、リアリティが反転するようなそうした瞬間。渡辺ならずとも、誰もが覚えがあろう。そうした瞬間は、望んで得られるものではない。「それはどこと も知れぬ自分の外から、思いもかけぬときにふっと訪れるだけなのだ。ついにわれわれは絶対他力の問題に逢着した」、「おのれの計らいにあらず、自力によるにあらずとは、われわれ日本人は聞いたことがある。然り、親鸞がそういったのである」。

渡辺はそこから親鸞論を展開するのではない。「神も仏も遠い現代人」と、自分のことを言っている。ただそうした自分にも、さきに述べたような瞬間がある。斜光の街でなくても雲でなくてもいい。空をゆく鳥でも、そこいらを跳びはねている蛙でも、野に立つ農人の姿でもいい。そこではおのれも他者も是とされていると感じられ、しかもおのれの計らいではないと知るのだと。

こんな文章に出会うと、私は一般化することへのためらいを捨て次のように言いたくなる。宗教を離れて生きていても、霊性は私たちを離れ去ることはない。

## 生死の中で生死を超える

霊性を心性とは言えないこと、心とは別のものだと表すため霊性という言葉を、鈴木大拙が打ち出さなければならなかったわけも、より合点が行くようになった。

大峯は大乗仏教の特質をさきのようにおさえた上で、禅の立場と浄土教の立場と、それぞれについて述べる。禅の立場を述べるのに引かれてくるのは、道元の『正法（しょうぼう）眼蔵（げんぞう）』の中の逸話だ。

ある人が問う。体は死によって滅びるが心性は過去現在未来を通じて自己同一で、そうした不滅の心性こそ自分だと悟れば、生死を超えたことになるのかと。道元は言う。滅びるのは体だけでなく心も同じで一切は無常である、心性は不滅と考えるのは、生死を逃れる道が生死と別なところにあると思っているからだ。そうした逃避を止めるところにのみ、生死を超える道は開けうる。生死即涅槃、生死のままで仏の命とひとつだと。

浄土教はどうか。私はこれまで浄土教とは死後の生を説くもので、時間意識としてはキリスト教と近いのではと思っていた。が、さきに述べたように阿弥陀仏の本願は、私たちが生まれる前に成就しているのであり、生死以前の世界からの呼びかけである南無阿弥陀仏の名号（言葉）を唱えることで、今ここで生死以前の世界につながれることができるとする。

生死の中にいながらにして生死を超えるという点は、禅と浄土教の二つに共通するのではないか。

## 日本的発現

この禅と浄土教において日本的な霊性が発現したとするのが、鈴木大拙の『日本的霊性』である。仏教は言うまでもなく外来宗教だが、それを受けて鎌倉時代に、日本らしい霊性が生まれ、そのもっとも純粋なかたちが、浄土系思想と禅であるとする。法然と親鸞、ことに親鸞が示した絶対他力思想と、禅の説く無心。二つの共通点に直接性を大拙は挙げる。

衆生(しゅじょう)はこの世の海にいながら、そのまま本願海に身をあずけられる。名号さえ唱えれば絶対者と直接に交信でき、生死以前の世界へ立ち戻れるというのが、大峯の本から読みとれる親鸞の教えの直接性だ。大拙の説明では、絶対者の無縁の大悲は悪によって遮られない。善悪是非を超越する。人間のさかしらさを入れない。分別を超越している。

そして禅は言葉によらずに体験するものだ。

両者ともに、「媒介者を入れない」という特質がある。仏教は中国でも発展したが、このような特質は日本においてはじめて出たものだと、大拙は説く。

序章に述べたように風土というものを意識しはじめ、その上禅と浄土真宗とにまたがる海のメタファーを感じた私は、二つに共通の日本的霊性を見いだしていることにひかれる。一方で大拙の言う日本的霊性の全てが胸におさまるとは言えない。かつて霊性に差し迫った関心なしに読んだ頃より、引っかかる点がむしろ多くなっている。

なぜ鎌倉時代からなのか。念仏思想は平安時代にもあった。鎌倉時代に至るまで、日本人の精神生活は感性的・情性的直覚を出なかったと、大拙は言う。その説明には、次のような対比の図式がある。平安時代の「みやび男(お)」は、もののあわれに心を動かし、花鳥風月に懐い（おも）を寄せた。その感性・情性は貴族的、女性的であった。親鸞は都を離れ、流刑先の越後で大地とともに生きている鄙人（ひなびと）の間に起臥してはじめて霊性にめざめた。大宮人の歌よみ心を打ち破り、花鳥風月ではなくそれを支える大地に撞着するとき、霊性は現れるとする。

歌の話をするならば、賀茂真淵を思い出さずにいられない。『古今集』に代表される平安時代の歌風を「たをやめぶり」、それに先立つ『万葉集』の歌風を「ますらをぶり」と真淵は呼んだ。前者は「手弱女振り」、後者は「益荒男振り」である。後者は大拙の言う平安時代の「みやび男」たちの詠みぶりと対称をなすものだろう。鎌倉時代以前の精神生活とひとくくりにできるだろうか。

次の疑問も浮かんでくる。貴族文化が鎌倉時代より前の日本人の精神生活を代表するものだろうか。地域的にも階層的にも限られていた。同時代の日本列島の多くの人は、それこそ大地に親しく起き伏ししていただろう。彼らに霊性のめざめがなかったとは考えにくい。

「神も仏も遠い現代人」の渡辺京二は、街角という都市的な環境のただ中にいて大いなるものの訪れを感じる瞬間のあることを、「信仰はむかしから苦手である」、「私がこんなことを議論するのが滑稽の至りである」との、とまどいとも言いわけともとれる呟きを交えながら告白している。現代人よりはるかに自然に近く暮らしていた人々ならば、なおさらだろう。

鋤鍬を動かす者と交わって自らも耕す暮らしのうちに、人間生活一般の上に「如来の御恩」がいかに感じられるものかを親鸞は経験したと、大拙は『日本的霊性』で書く。「振り上げる一鍬、振り下ろす一鍬が絶対である、弥陀の本願そのものに通じていくのである、否、本願そのものなのである。本願の『静かな、ささやかな声』は鍬の一上一下に聞えるのである」。

無心にふるう一鍬一鍬が、個体の生命を超えた大きな「いのち」との交信、「いのち」との相即相入であるような営みは、稲作の国日本では昔からしてきたのではあるまいか。それに弥陀の本願という名づけはしていなくとも。

日本の固有信仰である神道はどうなのか。日本的霊性を語るなら当然予想されるその問いを、大拙は自ら立てて答える。「神社神道または古神道などと称えられているものは、日本民族の原始的習俗の固定化したもので、霊性には触れていない」、神道的直覚は日本的ではあるが情性的直覚であり、霊性に到達していないとする。仏教に親鸞が現れたと同じ時期、神道の中で起きた宗教運動に、大拙は目配りはしている。律令体制が崩壊し末法思想が広まる世の中に危機意識を持っていたのは仏教者のみではなかった。

神道には仏教の経典に当たるものはない。律令体制の確立期に編纂された『古事記』と『日本書紀』が、文字としての表現である。中世の社会変動に際し伊勢神宮の神官、度会家行（わたらいいえゆき）は、独自の神道哲学を創始した。伊勢神宮の祭神について記した書を基に仏教や道教などの外来思想を取り込んで、いわば内側からの改革を図った。神道におけるそうした動きを、大拙は視野に入れつつも、「情性的直覚に対して形而上学的または宗教的基礎づけをしようと試みたが、必ずしも成功したとは言われぬ」と言う。

神道を日本的霊性に到達していないとする理由を大拙はさまざまに挙げるが、そのために霊性の定義の方がふらついている印象だ。

この本の書かれた時期には、注意を払わなければならない。昭和十九年、国家主義が神道と結びつけて称揚される中だった。

そうした背景をくみ取りつつも、『日本的霊性』というタイトルに即して読めば、神道の除外がどうしても不自然に感じられる。国家主義と結びついた神道は、日本列島にもともとあった精神生活と分けて考えなければならない。

## ゆりかごとしての風土

鎌倉時代よりはるか前から営々と続いてきた自然と人との関わり。芽吹き、開花と、季節は着実にめぐる一方、実りを迎えた稲田を根こそぎ押し流すほどの理不尽なふるまいをときとして自然はする。それでも春が来れば、また土を耕し種を播く。生々流転を自然とともにする日々の中、霊性にふれる瞬間は多々あっただろう。日本の風土は日本的スピリチュアリティのゆりかごだ。禅と浄土教において日本的霊性が発現したとするそのことを、日本的スピリチュアリティが仏教をそのように育んだとは言えないか。そして仏教の日本的な変容を言うならば、鎌倉時代以前の仏教者、空海や最澄に大拙が目を向けないのも不自然に感じられる。この点は宗教学者の鎌田東二も指摘している。

日本の自然と日本人について書いた文章を思い出す。震災後の『タイム』の記事や、関東大震災後の東京に住んだイギリス人女性の本に、序章でふれた。ここでは東日本大震災後、イギリスの『デイリー・メール』に寄せられたイアン・ブルマの文章だ。オランダ人とイギリス人の血を引くジャーナリスト。ライデン大学で中国文学を学び、日本に留学した経験も持つ。戦争の記憶の風化に抗し、日本とドイツで緻密な取材を積み上げた『戦争の記憶——日本人とドイツ人』という本で知られる。

国民性については最大の慎重さをもって取り上げる必要があるといった留保を付けながらも、次のように言う。

命がいつか消えるということは全ての人間がわかっていることだが、我々の都市が人間の命と同じぐらい儚いとは思っていない。ヨーロッパ人のなかには、自分たちが作るもののなかには永久に存続するものがあるという幻想を抱く人がいる。（中略）日本人がそういう幻想を持つ余裕はない。日本のほとんどの部分が、地震や津波で一瞬にして壊滅してしまう可能性があるからだ。（中略）

自然の気まぐれな恐怖が、仏教の宿命論を日本人に適したものにするのに手を貸したのかもしれない。地震や津波を止めるためにできることは何もない。差し迫った破壊を、人生にとって不可避の特徴として受け入れたほうがいい。

儚さの認識。宿命論。それは諦念のようなものだろうか。これらの周辺で、次章では長く思いをめぐらせる。

# 3章　時間を考える

## 代々にわたり耕す

生きかはり死にかはりして打つ田かな　村上鬼城

２章で鈴木大拙の『日本的霊性』の文章を引きながら思い出していた句だ。「振り上げる一鍬、振り下ろす一鍬が絶対である、弥陀の本願そのものに通じていくのである、否、本願そのものなのである。本願の『静かな、ささやかな声』は鍬の一上一下に聞えるのである」という文章から。

田を打つ、が季語である。秋に稲を刈った後、冬を越しそのままにしてある田を鋤き起こし細かく砕いて、苗を植えられるようにすることだ。日本人の言葉の文化遺産と言うべき季語には、農事に関するものが多い。

ここには岸本英夫や頼藤和寛が孤独に対峙しなければならなかった、生と死の断絶は感じられない。

この句と近い死生観を打ち出した人に民俗学者の柳田国男がいる。昭和二十年に書かれた『先祖の話』（角川文庫）である。

## 柳田国男の「先祖」

柳田は日本人の多数がもともとは死後の世界を近く親しく感じていたとし、日本人の死生観に四つの特徴を挙げている。

一、死後も霊はこの国土に留まり、遠くへは行かない。

二、死後の世界との間に繁き交通がある。

三、いまはのときの念願が、死後に必ず達成する。

四、(三からの流れで) 子孫のためにいろいろの計画を立て、二たび三たび「生まれ代わって」同じ事業を続けられる。

集団宗教ではないために文字では伝わらなかったが、このように思っていた人が多かったとしている。

柳田はこの本で先祖はどこにいるのか、という問いに答えようとする。それはとりもなおさず、日本人は死んだらどこへ行くのか、という問いである。

柳田の考えでは、死して「コスモポリット」になるわけではない。国土を離れないのみならず、共同体のそばに留まる。

生まれ変わりの範囲もごく狭い。「尋ねれば尋ねて行かれる近いところ」、あるいは同じ血筋に現れると考えられていた。「尋ねれば尋ねて行かれる近いところ」とは共同体内か、違う共同体であっても往来のある共同体であることを示すものだろう。

それを表す風習として、「家の主人の通称に、一代置きの継承」という例が少なくないこと、沖縄などでは長男に祖父の名を、長女に祖母の名を付けるのが通例となっていたことなどを挙げている。

柳田は兵庫県の内陸部にある村（現・神崎郡福崎町）の生まれだが、その村では子どもの満一歳の誕生日に箕（み）で子をあおぎながら「おまえはどこから来たか」と問うてみる行事があったそうだ。墓所や氏神の森の方角を指すことがあると、大人たちは顔を見合わせたという。

『遠野物語拾遺』にも、赤ん坊が握った手をなかなか開かないので家族が開かせてみると、近くの村の何々爺の生まれ変わりだという紙片を握っていた、その村を尋ねてみると亡くなって一年しない人にそういう爺がいたという話が採録されている。

## 個体から集合体へ

『先祖の話』を読むと、生まれ変わるのは比較的新しい死者に限られると考えていたようだ。そこでは死者の霊をひとくくりにせず、段階をつけている。亡くなって一定の年月が経つと、死霊はいわば個体性を失い、祖霊という集合的な霊体に溶け込んでいく。誰々の生まれ変わりだとわかるのは、霊がまだ誰々であるという自性を残した段階と言える。

逆に言えば、死してただちに自性がなくなるのではなく、一定期間保持される。肉体の消滅とともに個体意識も消滅するとした岸本英夫らにはない発想だ。

どのくらいの期間が経てば、祖霊に融合されるのか。

通例では三十三年、まれに五十年で、弔い上げと称する「最終の法事」を営む。三十三年忌がすむと位牌を川に流す風習も、東北にはあったという。沖縄本島では三十三年忌をもって位牌の字を削り取り、それまで位牌を置いていた棚、本土でいう仏壇とは別の神棚へ移す。喜界島では、三十三年までは死者のひとりひとりに食べ物を供えるが、それ以降は先祖ひとまとめの供え物となるという。いずれも個体性の消滅を示して象徴的だ。

仏教の葬儀になじんでいる私は、三十三年忌と聞くと、お寺での三十三回忌をまず思い、仏教の持ち込んだ風習のように考えていたが、それは逆だった。柳田によると伝来前の仏教に三十三回忌はなく、日本で付け加わった風習で、仏教の入る前から、日本の家では死者の霊を新旧に分けて祀る方式があったという。三十三回忌は日本の固有信仰と仏教との折衷とも考えられる。

日本のもともとの信仰では、亡くなって間もない霊は「荒魂（あらみたま）」とされる。「新」は「荒」に通じるのだ。穢（けが）れもまだ帯びている。宗教儀礼を通して浄め鎮めることで「和魂（にぎみたま）」へと変わっていく。猛々しさで子孫や共同体をおびやかす存在から、子孫や共同体を守る存在へ。みたまの持つ二面性のうち恩寵性が増していく。（五来重『日本人の死生観』角川選書）

死者の霊に段階をつけるのは、単なる新旧の別でなく、「荒」から「和」への移行がそこにある。折々に祭祀を執り行うことで安定の度を高めていくのだ。

みたまが神となってからは生まれ変わる機会はなくなるらしいと、柳田は言う。

## つなぐラフカディオ・ハーン

こうした説は、反証のしようのないと同時に、そのまま受け入れることも難しい。共同体への帰属意識が薄い「コスモポリット」には、そして合理的な意識では、自分にどのように引きつければいいかわからないのだ。が、ユングの集合的無意識のようなものと考えれば、少しは自分に近づけられる。その二つをつなぐのが、小泉八雲（ラフカディオ・ハーン）の『神々の国の首都』（講談社学術文庫）に記された文章だ。明治二十三（一八九〇）年に来日したとき、ハーンはすでに『古事記』の英訳を読んでおり、民俗学的な関心をもって滞在し、一年余りを松江で過ごした。神道への理解の姿勢によって、出雲大社に昇殿を許された最初の西洋人となっている。

ちなみにハーンは、ギリシャ人を母、アイルランド人を父とし、幼い頃両親が離婚してからはアイルランドで厳格なキリスト教徒である伯母に育てられた。出雲をスケッチするとき彼は母の故郷のギリシャのイメージと重ね合わせ、農民の歌に原始の自然崇拝を聞きとり心ふるわせ、日本人の魂は古代ギリシャ人の精神に似ていると書く。一神教のキリスト教より、古代ギリシャの多神教に親和する感性を持った人だった。

日本の神道は外から眺めていると複雑でわかりにくいが、その太初の性格は死者への尊敬の念だと、ハーンは言い、平田篤胤の『霊の真柱』を引く。

現身の世の人も世に居るほどこそ如此て在ども、死て幽冥に帰きては、その霊魂やがて神にて、その霊異なること、その量々に、貴き賤き、善き悪き、剛き柔きの違こそあれ、……君親妻子に幸ふことなり。そは……何処に安在てしかると云ふに、社また祠などを建て祭たるは、其処に鎮坐れども、然在ぬは、其墓の上に鎮り居り。(『神々の国の首都』)

それを受けてハーンは書く。

この古代の信仰が、十九世紀の思想とどれほど隔たっているというのだろうか。(中略)人皆それぞれが持つ自我というもの、この複雑きわまる存在を、私たちは今なお「私」として、あるいは「彼ら」すなわちさまざまな人格の複合として考えるではないか。私たちの誇りとか恥とも、実は私たちの中に棲む「幽冥」の人々が抱く感情なのではあるまいか。私たちの良心とは、無数の死者から受け継いだ「その量々に、善き悪き」経験の総和だとはいえまいか。私たちは、人は神に等しいと信じる現代の強者たちの思想に共鳴しているのに、その一方で、死者はみな神なりと説く神道の思想を、迷妄として軽々しく斥けることは到底できないだろう。(同前)

先祖の生の集積が、私たちの意識の下の深層に生きている。自分の生もまた、いつしか個体性をなくしたのち民族の経験の総和に加わり、子孫の中に生き続けるというイメージか。

## 田の神と山の神

『先祖の話』では代々田を耕す人々としての日本人の死生観が述べられ、柳田の民俗学の初期の関心、すなわち稲作文化が入ってくる前に日本列島にいた原日本人への関心が後退してしまっている。

関心の後退は、山の神のとらえ方において顕著である。田の神と山の神の往還説だ。山の神が春に里へ降って田の神となり、秋の終わりに山へ還る。それは「日本全国北から南の端々まで、そういう伝えの無いところの方が少ないと言ってもよいほと、弘(ひろ)く行われているというのが大きな事実」であって「農民の山の神は一年の四分の一だけ山に御憩いなされ、他の四分の三は農作の守護のために、里に出て田の中または田のほとりにおられるのだから、実際は冬の間、山に留まりたまう神というに過ぎないのであった」。

むろん柳田は猟や樵をなりわいとする民、さらには船を操る海の民には、別の山の神の信仰があると付け足し、多様な信仰が成り立つ余地を残している。さきに引いた文章にも「農民の山の神は」と、注意深く「農民の」と三文字を添えている。が、山の神の分断、矮小化の印象は否めない。

柳田の山人論をかつて読み、日本列島の自分の知らない深部への興奮をかきたてられた私には、柳田が山人論の挫折以降、自らの手で日本列島の地図を稲作文化でやや性急に塗りつぶそうとしているように感じられる。

家の存続という、この本に流れる悲願にも似た強い問題意識にも、私ははじめとまどった。戦後の教育を受けた私には、イエは江戸時代に発展し明治時代の民法で機能を強化された旧制度、という刷り込みがあった。柳田の生きてきた期間は、イエを基本とする社会構造がたしかに堅固だっただろう。しかし日本でイエという単位を人々が意識するようになったのは、遡っても戦国時代からと言われ、先祖祭祀を固有信仰とするには無理がある。

しかし、ここでも大拙の『日本的霊性』と同様、執筆された時期を考えねばならない。戦争末期の昭和二十年の四月から五月にかけて、連日の空襲警報にさらされながら柳田は『先祖の話』を書いた。先立つ三月十日、東京は空襲で十万人以上と推定される犠牲者を出した。戦闘員となった若い命はすでに大量に失われている。自らも明日を知れない状況のもとで記した「遺書」と言える。

## 時代からの問い

日本人の死生観の昭和二十年当時の実情を、次のように柳田は見ていた。死ねばまったくの虚無に帰するとは言えないまでも、行く先ははるか地平の外であり、「別れの悲しみは先祖たちの世に比べると、更に何層倍か痛切なものになっている」。

それに対して柳田は「日本人の死後の観念、すなわち霊は永久にこの国土のうちに留まって、そう遠方へは行ってしまわないという信仰が、恐らくは世の初めから、少なくとも今日まで、かなり根強くまだ持ち続けられているということ」を、この本で力を入れて説いた。

日本人は死んだらどこへ行くのか、霊はどこに留まっているのか。それは「到底知り究められぬ」としながらも、昔の人がどのように考え、どのように霊を取り扱ってきたかを、柳田は示そうとした。

江戸時代の国学は、その問いに必ずしも充分答えるものではなかった。本居宣長は

『古事記伝』でイザナキ、イザナミの話に沿って、死ねば穢いよみの国に行くのだとし、それ以上の探求をしていない。

平田篤胤は師である宣長のそうした不可知論に満足せず、死後の霊のゆくえと鎮まりを関心事とし、よみの国へ行くという師の説を誤りとし、魂はこの国土に留まるとした。死後はオオクニヌシノカミが統べる「冥府」に行くが、それはこの国土の外のどこかにあるわけではなく、神々が祠や社に鎮まるように墓所の上に鎮まり子孫を守るとするものだ。

柳田も宣長の説を肯わず、篤胤の問題意識を継承、発展させている。そして戦争末期のそのとき、それこそがまさに差し迫った問題であるという状況認識が彼にはあった。

日本史上未曽有の大量死とそれに伴う死別の悲嘆に、緊急対応しようとしたのである。広義のグリーフケアと言えようか。後継ぎのいなくなることや多数の無縁仏が出ることにも、危機感を持って言及する。

日本人の平均寿命に影響を及ぼすほど多数の死を、東日本大震災で私たちは経験した。死別の原因、規模は違うが柳田が時代の問いになんとか答えようとした姿勢には感じるものがある。

霊が国土を離れ去り蓬萊（ほうらい）の島をめざすことをしない理由に、国への愛を挙げられると、戦後世代の私はやはりひるむ。が、それをもってこの本を反動的ということは、私はできない。

例えば本の結び近くのこんな語句に目がとまるのだ。「国と府県とには晴の祭場があり、霊の鎮まるべきところは設けられてあるが」。家々で死者を祀ってきた風習の再確認と再継承を説くこの本を、連日の空襲警報下で急ぎまとめたわけを述べるくだりである。国と府県ごとに設けられた「霊の鎮まるべきところ」とは、靖国神社と護国神社を指す。明治以降、招魂社として建てられたものである。

国家の主導するそうした施設は、霊のほんとうの行き場ではない。そのことを戦時下においても伝えようとする焦りにも似た思いが、筆の走りがちなこの本には通底していると、私には思える。

付け加えれば神についての考え方を柳田とは異にする折口信夫（しのぶ）にも、若くして戦死した人の霊の問題は切実だった。折口が養子にとった息子、春洋は、日本を遠く離れた硫黄島で戦死している。

硫黄島で日本軍が玉砕したのは、昭和二十年三月のこと。折口が養子を入籍するとき保証人となった柳田にも、玉砕の報は入った。

死後のゆくえの問題に、柳田、折口、ふたりの民俗学者は彼らの身にも迫った時代状況ゆえにも、向き合わざるを得なかった。

## 四つの類型

日本人が死後はどこへ行くと考えてきたかは、ひととおりでない。五来重(ごらいしげる)が『日本人の死生観』において整理している。

五来はまず他界観の宗教学上の分類を示す。天上他界、山中他界、海上他界、地下他界。この四つの類型は、古代人に世界共通に見られるという。

天上他界、地下他界は垂直方向、山中他界、海上他界は水平方向にあると言えようか。

天上他界は、日本の信仰では高天原が思い浮かぶ。天から神が降りてきたと伝えられる高千穂も、神を遣わす神の国が天上にあることを示している。ここでは山は、神が降りてくるという上からのベクトルである。

柳田も山を考えた。鎮められ神となった祖霊は麓から登り進んで、天ともっとも近い清浄の境に安らかに集まっている。山の神が春のはじめに里に降り田のものの成育トルである。

を助けるという信仰のもとには、それがあっただろうとする。ここでは下からのベク

地下他界は『古事記』に出てくるよみの国だ。イザナミの夫イザナキは、死んだ妻を追ってよみの国へ下るが、遺体に怖じて逃げ出しイザナミの怒りをかう。そこは暗く、汚穢きところとされている。仏教が入ってくると、地獄のイメージと重なった。

だが「よみ」そのものは「闇」や「夜見」であり、単に暗いところを表す、中国で地下深くにあり死者の行くところとされる「黄泉」の字を当てたため、地下と思われるようになったが、実は地上の延長線上にあると五来はしている。それだと垂直方向ではなく、水平方向の他界となろうか。繰り返しになるが柳田も、死後地下に行くという考えには異を唱えている。

遺体を見るというのが、イザナミ、イザナキの物語を動かすきっかけとなっているから、そこは魂の行く先というより、亡骸の在り処を指すのだろう。地中というイメージに結びつけるなら、殯の場としての洞穴や、墳墓の内部だろうか。イザナキが逃げてきたのは横穴式墳墓の通路を想起させる。

山中他界は、古代に死者を山に葬ったことから起こったものと言う。野辺の送りを「山行き」と言い墓を陵というのはその名残りだと。仏教が入ってくると各地の霊山

を修行の場とし、あるいは聖地として信仰した。

山といえば山越阿弥陀図が思い出される。通常は雲に乗って空から飛来する阿弥陀如来を山の稜線の向こうに配するもので、中世に描かれた、日本独特の構図と言われる。こちらは天に近い場所としての山という、垂直方向の位置づけが合わさっているかもしれない。

海上他界は、『日本書紀』に常世の国が登場する。奄美・沖縄地方のニライカナイもそうである。仏教が入ってから常世は、南方の浄土とされる補陀落（ポータラカ）に置き換えられ、そちらをめざして舟出する補陀落渡海も行われるようになった。これには日本にもとからあった水葬の風習との関連が指摘されている。

ちなみに現存する最古の山越阿弥陀図には、水平線が描かれている。あたかも海上他界と山中他界とをひとつの絵に盛り込んだかのようである。ただし阿弥陀如来は水平線のかなたにいるのではない。海は如来の背後に退き、稜線のすぐ際まで来ている。沖の遠くに他界を見るより、身近な山に見る方が、人々の求めにかなっていったように思わせる絵だ。

## 折口信夫の「海の他界」

折口信夫は海上他界観が、天や天に続く山に他界を見るよりも先だとする。天上他界観が有力に成り代わったのはのちのこと。日本民族の沿革、日本民族の移動などの推測からしてそうなのだと。(「民族史観における他界観念」『折口信夫全集第十六巻』中央公論社)

これには水葬の習慣がまずあって、それにひかれて海に他界を観じるようになったとする。水葬についての記述は、イザナキ、イザナミが最初に生んだ子を葦(あし)の舟に乗せて流したという話をはじめ、『日本書紀』に散見される。

海上他界が天上ないし山中他界に先行すると考えるのは、日本来住以前の祖先の生活を思うからだという。死んだらどこへ行くかを問うことは、日本人はどこから来たかの道すじをたどり直すことにつながっていく。

『民族史観における他界観念』は昭和二十七年に執筆された論文だ。そこでは『先祖の話』で柳田が示した山の神と田の神の往還説に、否定的である。「山と田とを循還する祖霊と、遥かな他界から週期的に来る——特に子孫の邑落と言ふことでなく——

訪客なる他界の生類との間に、非常な相違があり、その違ひ方が、既に人間的になつてゐるか、其以前の姿であるかを比べて考へると、どちらが古く、又どちらが前日本的、或は更に前古代的かと言ふことの判断がつくこと、思ふ」。

まれびとという言葉をここでは用いていないが、常世から時を定めて訪れるまれびとは、折口の考える日本人の神の原形だ。

他界といって必ずまず祖霊を思い浮かべるのは、近代的に考えて抱く直観というだけであり、民俗の一面ではあるけれど全面にわたって行われていたとは言えないと指摘する。

共同体内部で神を現出せしめる柳田に対し、折口の神は外部から来るものだった。

## 野という中間地帯

『先祖の話』において、浄められ鎮められるにつれ麓からしだいに登り進むとされた霊は、登り詰めて山の高みにとどまった。

そこは子孫のいる共同体を望むところ。季節になったら田へと降りていけるところ。柳田の他界観では山は、天へ飛び立つための梯子(はしご)ではなかったのだ。下からのベクトルは頂上で止まる。

『遠野物語』に感じられるのは、死者と生者の世界の近接性だ。身近にあってひんぱんに行き来がなされる。

　棄老譚としてよく知られる話にデンデラ野の話がある。冒頭の番号は、柳田がひとつひとつの話に振ったものである。

> 一一一　山口、飯豊、附馬牛の字荒川東禅寺及び火渡、青笹の字中沢並びに土淵村の字土淵に、ともにダンノハナという地名あり。その近傍にこれと相対して必ず蓮台野という地あり。昔は六十を超えたる老人は全てこの蓮台野へ追いやるの習いありき。老人はいたずらに死んでしまうこともならぬゆえに、日中は里へ下り農作して口を糊したり。そのために今も山口土淵辺にては朝に野らに出づるをハカダチといい、夕方野らより帰ることをハカアガリというといえり。（『柳田國男集　幽冥談』ちくま文庫）

ハカダチ、ハカアガリという即物的な言葉に凄みをおぼえる。

　今も残る地名はデンデラ野で、蓮台野は柳田が当てた漢字である。ダンノハナは昔囚人を死刑に処した場所、山口のダンノハナは共同墓地になっている。地形は山口、土淵、飯豊ともほぼ同じで村境の岡の上だと、『遠野物語』に書かれている。
高さの順に図式的に並べると、次のようになる。

山　　　　　　　①祖霊＝神
丘　ダンノハナ　→　②死霊
野　デンデラ野　←　③老
里　集落　　　　　④生

①と②はあきらかに死者の領域だが、③をどう位置づけるか、②と③の間に死者と生者の境の線を引くかどうかは難しい。

③はハカに半分足を突っ込んだ人である。そのハカは入ったら入りっぱなしではなく、日常的に出たり入ったりのできるものだ。

野は山と里、死者と生者との中間地帯であり、二つの世界の連続性を思わせる。なおここで言うのは高さで並べたときの中間地帯であり、実際のデンデラ野は集落を挟んでダンノハナと反対側にあり、ダンノハナと隣接していない。

# 身近な行き来

死者と行き合う話もある。

**九九**　〔土淵村の某は〕海岸の田の浜へ婿に行きたるが、先年の大海嘯に遭いて妻と子とを失い、生き残りたる二人の子とともに元の屋敷の地に小屋を掛けて一年ばかりありき。夏の初めの月夜に便所に起き出でしが、遠く離れたる所にありて行く道も浪の打つ渚なり。霧の布きたる夜なりしが、その霧の中より男女二人の者の近よるを見れば、女はまさしく亡くなりしわが妻なり。思わずその跡をつけて、はるばると船越村の方へ行く崎の洞ある所まで追い行き、名を呼びたるに、振り返りてにこと笑いたり。男はと見ればこれも同じ里の者にて海嘯の難に死せし者なり。自分が婿に入りし以前に互いに深く心を通わせたりと聞きし男なり。今はこの人と夫婦になりてありというに、子供は可愛くはないのかといえば、女は少しく顔の色を変えて泣きたり。死したる人と物言うとは思われずして、悲しく情なくなりたれば足元を見てありし間に、男女は再び足早にそこを立ち退きて、小浦へ行く道の山陰を廻り見えずなりたり。追いかけて見たりしが

ふと死したる者なりしと心付き、夜明けまで道中に立ちて考え、朝になりて帰りたり。その後久しく煩いたりといえり。（同前）

デンデラ野の話の乾いたリアリズムに比して、この話が湿りを帯びて叙情的に思えるのは霧や波打ち際といったロケーションのためではあるまい。人物の行動を外側から述べるにとどまらず、内面にも語句を割く。民話というより幻想小説の一シーンを読むようだ。例えば漱石の『夢十夜』のような。

柳田の文学的な趣味を感じる。『遠野物語』の序言には「鏡石君は話上手にはあらざれども誠実なる人なり。自分もまた一字一句をも加減せず感じたるままを書きたり」とある。微妙な表現だ。一字一句をも加減せずに書いたのは「聞きたるまま」ではない。「感じたるまま」なのだ。

採録者の思い入れの過剰な印象、それだけに脆弱な印象はありながら、この話には即物的なリアリズムとは別のリアリティがある。自分の夢を覗き見されて写しとられたような、生々しさだ。親族と行き合い立ち話しをするうち、この人は死んだのだったと気づいて訝しみつつ、眼前にいるその人との束の間の交流をなんとか引き延ばそうとする夢を、親族を亡くしたあと私は繰り返し見た。遺族となった人の多くは、似たような夢を見るのだろうか。

夢ではなく現実に起こる。亡き人と現実の世界で遭遇する。そういう話に柳田は強く感応する人だった。

## かのたそがれの国

若い日の柳田は文学を志していた。十代で短歌を詠み、投稿したり師について習ったりしている。二十代前半には新体詩を作り雑誌に発表するほか、国木田独歩、田山花袋らと合同で詩集を出している。島崎藤村の「椰子の実」は柳田との交流から生まれたものだ。

明治三十（一八九七）年三月に発表した詩のタイトルをいくつか並べて見るだけでも、青春期の感傷とロマン主義がうかがえる。「春の夜」「夢とはなしに」「川の岸に立て」「我がさほ姫の君に」。

詩を発表するときの名は当時の姓の松岡からとって、赤松國祐、野上松彦、松男などとした。

柳田家に養子入りが決まり、農政官僚となってからは詩を作るのを止め、以後長らく全集に収録することすら拒んでいた。柳田にとって詩は訣別した過去となったが、そこにはのちの民俗学の著作まで継続して流れているものがある。
他界への憧憬だ。

夕ぐれに眠のさめし時

うつくしかりし夢の世に、
いざ今いち度かへらばや、
何しにわれはさめつらむ、
うたて此世はをぐらきを

(『柳田國男全集32』ちくま文庫)

もっとも初期の明治二十八年、二十歳で作られた詩だ。若者らしいとも言える厭世観が綴られている。

夕づゝ

かのたそがれの国にこそ
こひしき皆はいますなれ
うしと此世を見るならば
我をいざなへゆふづゝよ

やつれはてたる孤児を
あはれむ母がことの葉を
しづけき空より通ひ来て
われにつたへよ夕かぜよ　（同前）

明治三十年の作。この前年に柳田は両親を相次いで亡くしている。この世を憂しと感じるとき、若いなりに生きる疲れをおぼえるとき、心の向かうその先は慕わしい亡き人々のいる国だった。

## うつし世、かくり世

明治三十八（一九〇五）年、三十歳の柳田は、他界への思慕を無防備に吐露する文学青年ではなくなっていた。すでに家庭を構え官僚として、農政学の指導者として経験を積みつつある。それでも他界への憧憬は、彼の中に途切れずにあった。

この年発表した『幽冥談（ゆうめいだん）』というエッセイでは、かくり世への関心を表している。

この世の中には現世と幽冥、すなわちうつし世とかくり世というものが成立している。かくり世からはうつし世を見たり聞いたりしているけれども、うつし世からかくり世を見ることはできない。

現世と幽冥との交通というものはまるっきりなくはない。むろん幽冥の方からはどんな交通をしているか分らぬが、現世から幽冥に対する交通はある。（『柳田國男集　幽冥談』ちくま文庫）

そして天狗の話をはじめ、のちに『遠野物語』で読むようなエピソードの数々が

「幽冥界の消息」として披露される。

幽冥、うつし世という言葉には註釈が要るだろう。平田篤胤の著述を受けたものだ。小泉八雲のところでも引いた『霊の真柱』である。篤胤は宣長の説に反し、死後の霊はよみの国には行かない、としたことをさきに述べた。この国に留まるとした。

この国のどこにいるのか。「いづこにも有なれども、幽冥にして現世とは隔たり見えず」（岩波文庫）と答える。柳田は少年の頃に入門した歌の師、松浦辰男（萩坪）から、このことを教えられた。

大人のふるまい方を身につけた三十歳の柳田は、幽冥教を信じているとは言わない。ときは2章の近代知のオルタナティブのところで述べた、明治後期の一種の心霊ブーム。柳田は『幽冥談』の冒頭で「公益に害あるものは認められない」と断り「この頃は僕も非信者の一人になっているから研究が進まないが」としながらも、いつか研究に取り組みたいという志を示す。

天狗は日本独特の信仰のひとつの現れであり「こういう昔の民族と一緒に成立っている宗教というものは伝道という事業がないから世間が不注意になる。世間の不注意というくらい怖ろしい敵はない」と言う。民俗学の創始につながる発言である。佐々木喜善（鏡石）の語る遠野の風習や言い伝えを書きとめはじめるのが、この四年後だ。『幽冥談』ではギリシャの神々について深い共感を寄せているのが面白い。日本の固有信仰に関心のある人が、なぜギリシャか。

　多神教である古代ギリシャの神々は、一神教たるキリスト教の支配が及んだとき、山の中へ逃げ込んだ。人の住まない山奥へ。

　山へ入った漁師は、やつれた爺さんが右と左に狼を抱えて囲炉裏にあたっているのを見た。追われた果ての神だった。別の神は川のほとりで、別の神は洞穴で暮らしていた。

　柳田はハイネの『諸神流竄記』にある話だとしている。列島に稲作文化の広まる以前の原日本人の末裔を、山に尋ねる旅は、おそらくはこのときから彼の心の中ではじまった。

　この『幽冥談』ものちの柳田が、全集に入れることをなかなか了承しなかった一編だ。

## 帰ってゆく場所

再び戦争末期に飛んで昭和二十年三月、硫黄島の玉砕の報に柳田は接する。折口が養子に迎えた青年の赴いた地である。同じく三月には柳田の住む東京で大空襲があった。その後間もなく『先祖の話』の執筆に取りかかったのは、前述のとおりだ。

周囲でたくさんの命が失われていく中、七十になろうとする柳田は、若き日に歌の師から聞いた「うつし世」と「かくり世」の話を、『先祖の話』にもう一度書く。師は柳田に会うたび言っていた。「君と自分とのこの空間も隠世だ。我々の言うことは聴かれている。することは視られている。それだから悪いことは出来ないのだと」。まるでこの世に常に死者の霊が充満しているかのように。

振り返って柳田は師の説に控えめながら異を唱える。この世との交通がはなはだしく自由な霊は、依る処のない霊だ。それは柳田の考えるかくり世の本来的なありかたではない。

> 無難に一生を経過した人々の行き処は、これよりももっと静かで清らかで、この世の常のざわめきから遠ざかり、かつ具体的にあのあたりと、大よそ望み見られるような場所でなければならぬ。（『先祖の話』）

そのイメージは若き日の柳田が詩に詠んだ場所と重なる。

君がいませしひさかたは
いかにのどけき国なれば
さしもみだれし玉の緒の
みだれも今はたえぬらむ

一人うき身をまどへとて
のこしたまひし人の世に
みそらは高くとほざかり
たよりもなしやと言葉(ことのは)に

されどむかしの夕ぐれを
はなとをごとのふる里を
おもひたまはゞ白たまの

なみだもなどか無るべき

ゆふべの空にかくれつゝ
消え行く雲のかげばかり
ちりの世人に見せたまへ
君がころものしろたへを　（「夕やみ」『柳田國男全集32』）

昭和二十四年には『魂の行くえ』と題するエッセイを著している。「死んでも死んでも同じ国土を離れず、しかも故郷の山の高みから、永く子孫の生業を見守る」という考えは、死ねば途方もなく遠い処へ旅立つという思想が、日本を囲むさまざまな民族に行きわたる中、ひとりこの島において独特だ。それが日本の原初的な信仰であるとは、彼は言わない。いつの世の文化の所産かは知らないが、自分にはただ限りなく懐かしいと。誤りかどうか、信じるかどうかは、「これからの人がきめてよい」。（『柳田國男集　幽冥談』）

この文章が書かれてから後の日本は、人口の移動が激しく、単身者は著しく増加した。祭祀を受け継ぐ子孫がいない、または代々耕してきた田を持たない、産土（うぶすな）の地を離れたもしくは離れざるを得なかった「故郷喪失者」の状況に、多かれ少なかれある私たちは、帰っていく山を見いだせるだろうか。

## 先祖の時間

身近な死者は自分たちのそばにいる。一定の時間が経過し、また祭祀によって鎮められ浄められるにつれ、ひとりひとりの霊としての個体性、自性を失って、大きな霊体に溶け込んでいく。

それが神のもっとも原初的な姿かどうかという、折口が柳田と晩年まで議論した点は別にして、魂のゆくえについてのそのような想像は心和むものである。旅の車窓から田と民家と背後の里山とからなる穏やかな風景を眺めると、その説をよく思い出す。一方でその風景に自分の居場所はないとも知っている。代々の地を持たない私には、自分の死後に柳田の説を、そのままあてはめることはできない。

そこで、「時間」へと目を転じてみたいのだ。

ここまで読んできた他界観は、「空間」に即するものだった。死んでからの行く先を、天上、地下、山中、海上といった場所で考えている。

ここからは柳田説の、自性が消失し大きな霊体へ融合するという点に共感を保ちつつ、その先のゆくえを時間に探りたい。

『先祖の話』では、死者の霊は時間が経過するにつれ、麓の里からしだいに山の高みへ上るとしていた。言い換えれば、死者にも時間が経過するとの前提がある。

死イコール無時間ではない。彼らには彼らで、私たちに経過しているのとは別の「死後の時間」とでも言うべきものが流れている。

今、麓の里や山といった場所の要素を取り払い、時間だけを図式化すれば、次のようになるだろうか。（次頁図1）

私の生の途中で親が亡くなり、親の「死後の時間」がはじまる。私たちに経過している時間とは別種の時間であるとして、前者を実線、後者を点線で示した。

親の親、私にとっては祖父母の「死後の時間」も、あるところではじまった。その前の代の人たちも。私の祖父母は四人。曽祖父母は八人。その前の代は十六人だ。

遡れば遡るほど、私に連なる死者は等比数列的に増え、積み重なる点線はしだいに分かちがたく凝集し、線というより点の詰まった面のようになるだろう。そこではもはやどの点がどの線を成していたかは識別し難い。

図１

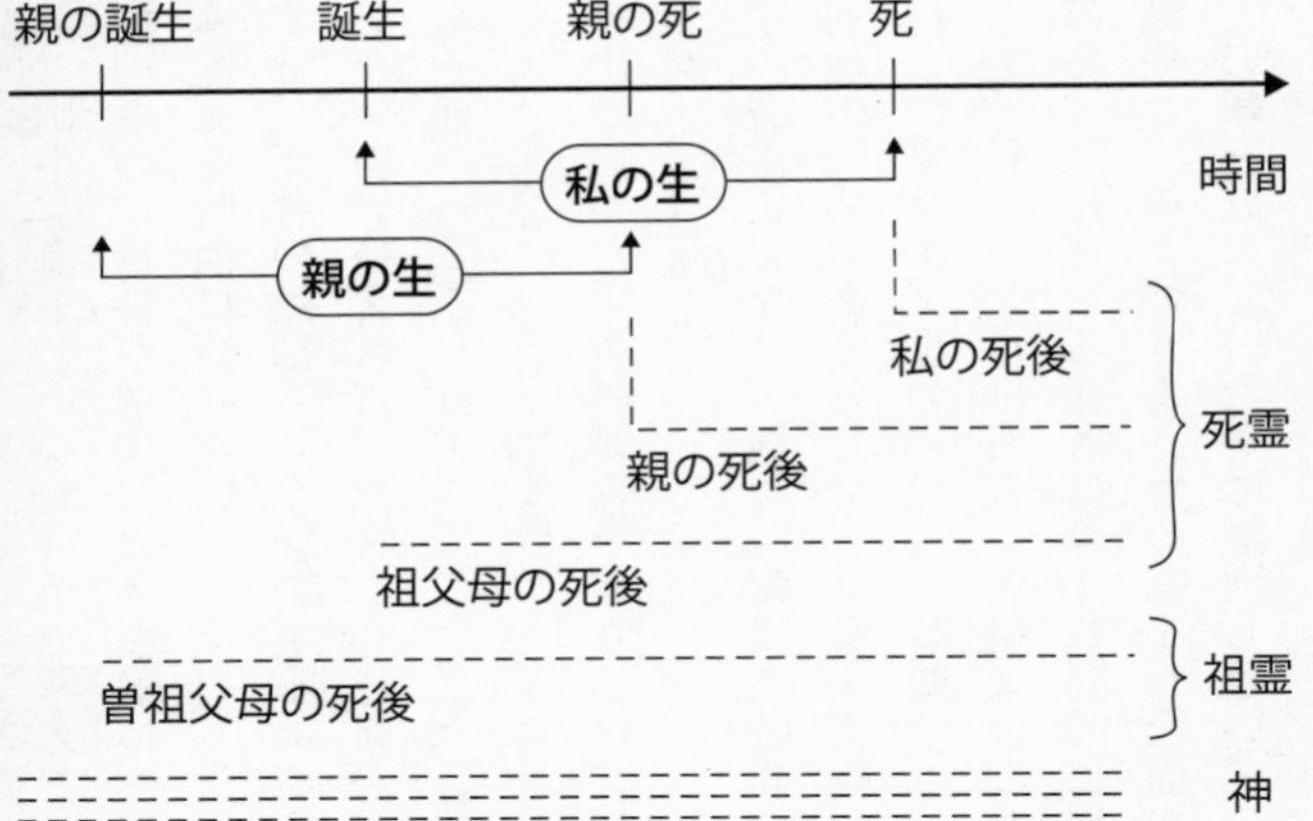

自性をなくし、祖霊というひとかたまりのものに吸収、一体化されるとはそのようなイメージだろうか。実際、曽祖父母の代になるとその名をひとりかふたりしか聞いたことがなく、むろん会ったこともなく、私には伝説世界に属する人だ。

空間としての他界に憧憬を抱きながらリアリティを持ちにくい私は、このような時間を模式化した図の方が、自分のこととしてとらえやすい。

## 線をなす時間

図１で、自分に流れている時間をなにげなく線で書いた。私たちが日常に感じている時間とは、そのようなものだろう。時間「軸」というように、ぶれることのない一本の直線。

そこでは一分は六十秒、一時間は六十分と物差しの目盛りのように等間隔で刻まれる。一定の速度でもって一方向へ流れている。

今日の前方に明日があり、後方に昨日がある。（次頁図２）日常生活はそれに則って動いている。この直線上にものごとを割り振っていくのが時間管理であり、社会生活は他者ともこの直線を共有することで成り立つ。「線をなす時間」モデルに、私た

図2

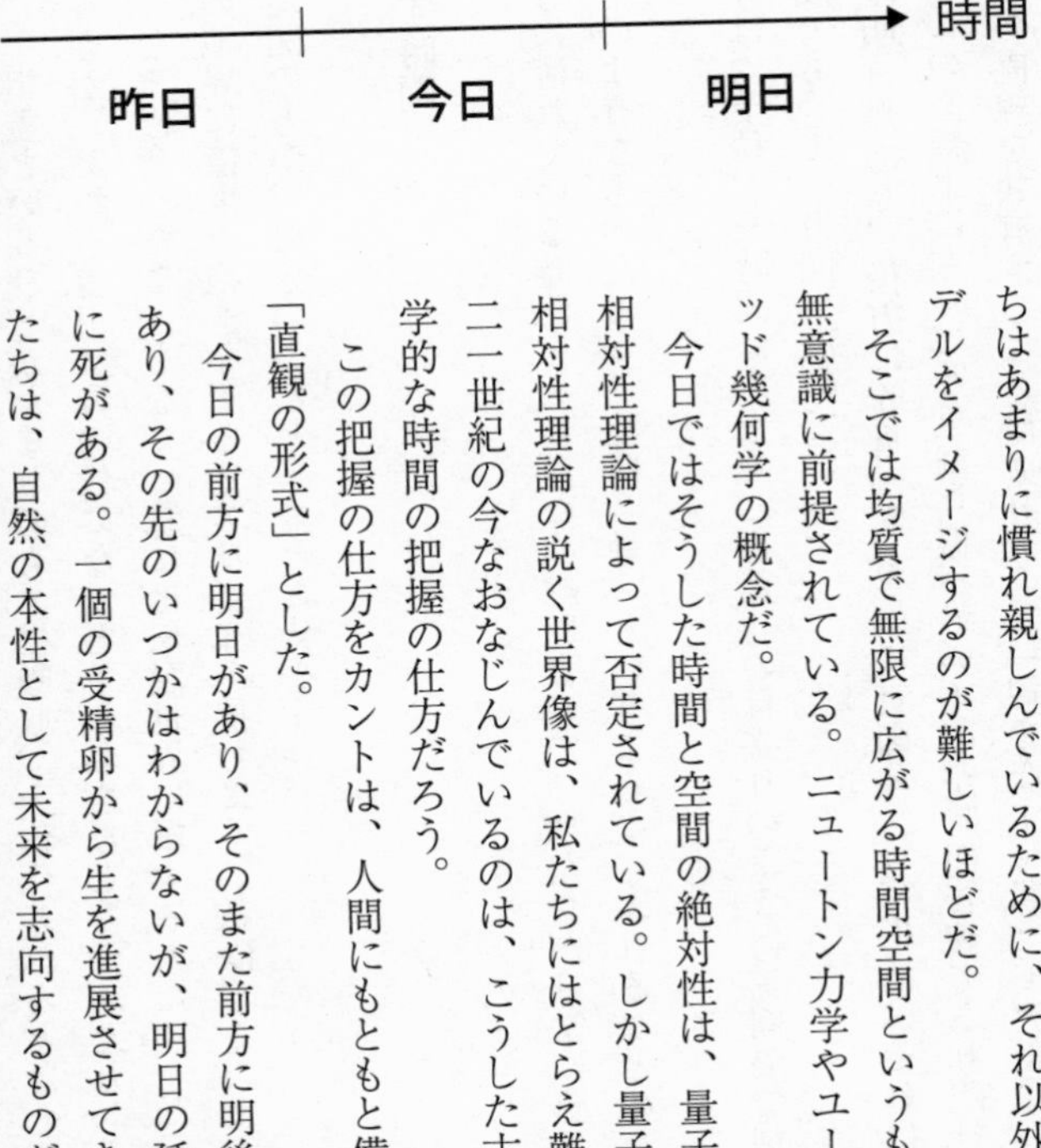


ちはあまりに慣れ親しんでいるために、それ以外のモデルをイメージするのが難しいほどだ。

そこでは均質で無限に広がる時間空間というものが、無意識に前提されている。ニュートン力学やユークリッド幾何学の概念だ。

今日ではそうした時間と空間の絶対性は、量子論や相対性理論によって否定されている。しかし量子論や相対性理論の説く世界像は、私たちにはとらえ難く、二一世紀の今なおなじんでいるのは、こうした古典力学的な時間の把握の仕方だろう。

この把握の仕方をカントは、人間にもともと備わる「直観の形式」とした。

今日の前方に明日があり、そのまた前方に明後日があり、その先のいつかはわからないが、明日の延長上に死がある。一個の受精卵から生を進展させてきた私たちは、自然の本性として未来を志向するものだと思

図3

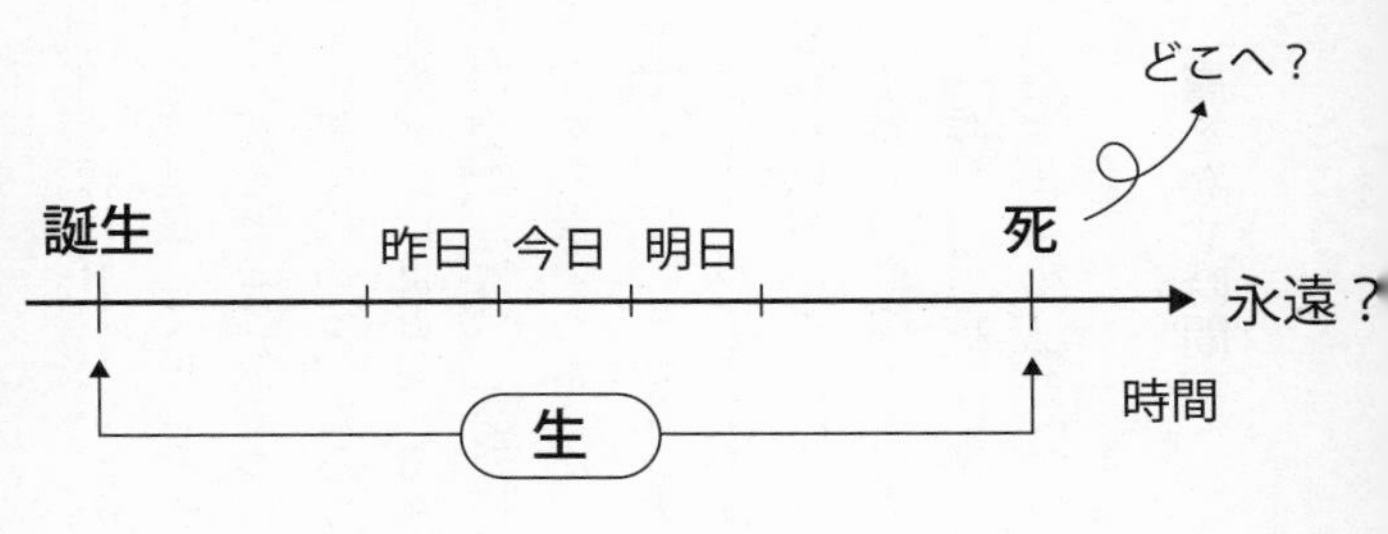


うが、その線上のどこかで死が立ちはだかることも、自然の定めと知っている。

親亡き後も親を欠いたまま、時間は変わらず流れてきた。自分の死後も生きている人々を乗せ、時間は流れ続けるだろう。他者と共有のこの線から、死をもって自分は降りる。

降りる、と表現するとたちまち次の問いが湧いてしまう。

どこへ降りるのか。降りてどこへ行くのか。(図3)

答えを得られる問いではない。ならば、「その問いを問わない」という生き方がある。1章で挙げた岸本英夫の実践だ。

立証不可能なことに対する、それはそれで考え抜かれた態度と言える。

ところで、さきほど「均質で無限に広がる時間空間」と述べた。科学の図表でx軸、y軸を引くときも、鉛筆で引く線は有限だが、そこで行き止まりではないことが了解事項となっている。延長して延長していった先に、永遠というものがあるのだろうか。時間を考えることは、永遠をどこに位置づけるかという問題につながる。それは私たちには手の届かぬ未来の果てにあるのだろうか。

永遠をどこに位置づけるかは、次のような問題意識も受けている。2章で読んだ本『宗教の授業』には、大乗仏教では生死との対立を超える次元を「未来」の方向に求めることをしないとあった。死後の生という未来の方向に求めない。なぜなら阿弥陀仏の本願は、私たちが生まれる前にすでに成就しているのだからと。禅の「不生の仏心」「父母未生（ぶもみしょう）以前本来の面目」という言葉も、同様のことを示していると。

生まれる以前。それはイコール「未来」と反対方向にある「過去」であろうか。

今いる時間の直線上で、未来と逆の方を振り向けば、今日の後方に昨日、そのまた後方に一昨日、延長上に誕生がある。他者と共有の時間の線に、過去のあるとき自分は乗った。どこから来たかはわからない。

## 層をなす時間

「先祖の時間」の図1では、私の誕生、親の誕生と遡ってみた。ここではさらに過去の方へと時間の線を長く延ばして、その上に科学で推定されているさまざまな誕生を並べて見る。

ホモサピエンスの誕生が約十万年前。原始生命の誕生が約四十億年前、地球の誕生が約四十六億年前、宇宙の誕生ビッグバンが約百三十八億年前。

これらの誕生から線を引き、私の時間、先祖の時間、人類の時間、生命の時間、地球の時間、宇宙の時間とし、見やすいよう並べてみた。（次々頁図4）図におさめる都合上、線の長さはそれぞれの時間の長さと正確に比例しないが、それでも私の誕生から死までの間の短さは際だっている。人類の時間、生命の時間、地球の時間、宇宙の時間に比べれば、ほとんど点のようなものである。

これとよく似た図を、私は広井良典の『死生観を問いなおす』（ちくま新書）に見いだした。ここに書くことは、この本から多くの示唆を得ている。のちに述べる川の比喩、車輪の比喩も、広井の用いているものだ。

同書は、死生観の核心にあるのは時間というものをどう理解するかである、という立場を出発点とし、四つの旅へ進んでいく。第一の旅、現象する時間と潜在する時間。第二の旅、老人の時間と子どもの時間。第三の旅、人間の時間と自然の時間。第四の旅、俗なる時間と聖なる時間。

私は必ずしも著者の企図した順序どおりでなく、自分の問いに深く関わる部分を、たどっていく。

**図4**に重ねて書いた上の方の時間ほど早く流れる気がするのは、誰しもそうだろう。日常生活の時間は実に慌ただしく過ぎていく。対して例えば巨木の生い茂る森の中を行くとき、そこには時間が太古のままで止まっているかのような感覚にとらわれる。**図4**では私の時間、先祖の時間、人類の時間、生命の時間、地球の時間、宇宙の時間を、見やすさのため別々の線にして示した。それは必ずしも便宜的な措置でなく、それこそが実相であると考えることはできないか。すなわち「層をなす時間」というモデルである。

私たちはふつう時間を直線モデルでとらえている。座標軸でものごとをとらえる習慣から、一本の線をイメージする。座標軸で横に引かれるx軸のようなイメージだ。縦方向の位置の基準はy軸だが、x軸はyの値は常にゼロ。縦方向の量を持たない線である。

そのイメージを少々変えて、例えば川のようなものと発想してはどうだろうと広井は提案する。一本で、一方向に流れている性質は変えないまま、深さのあるものをイ

図4

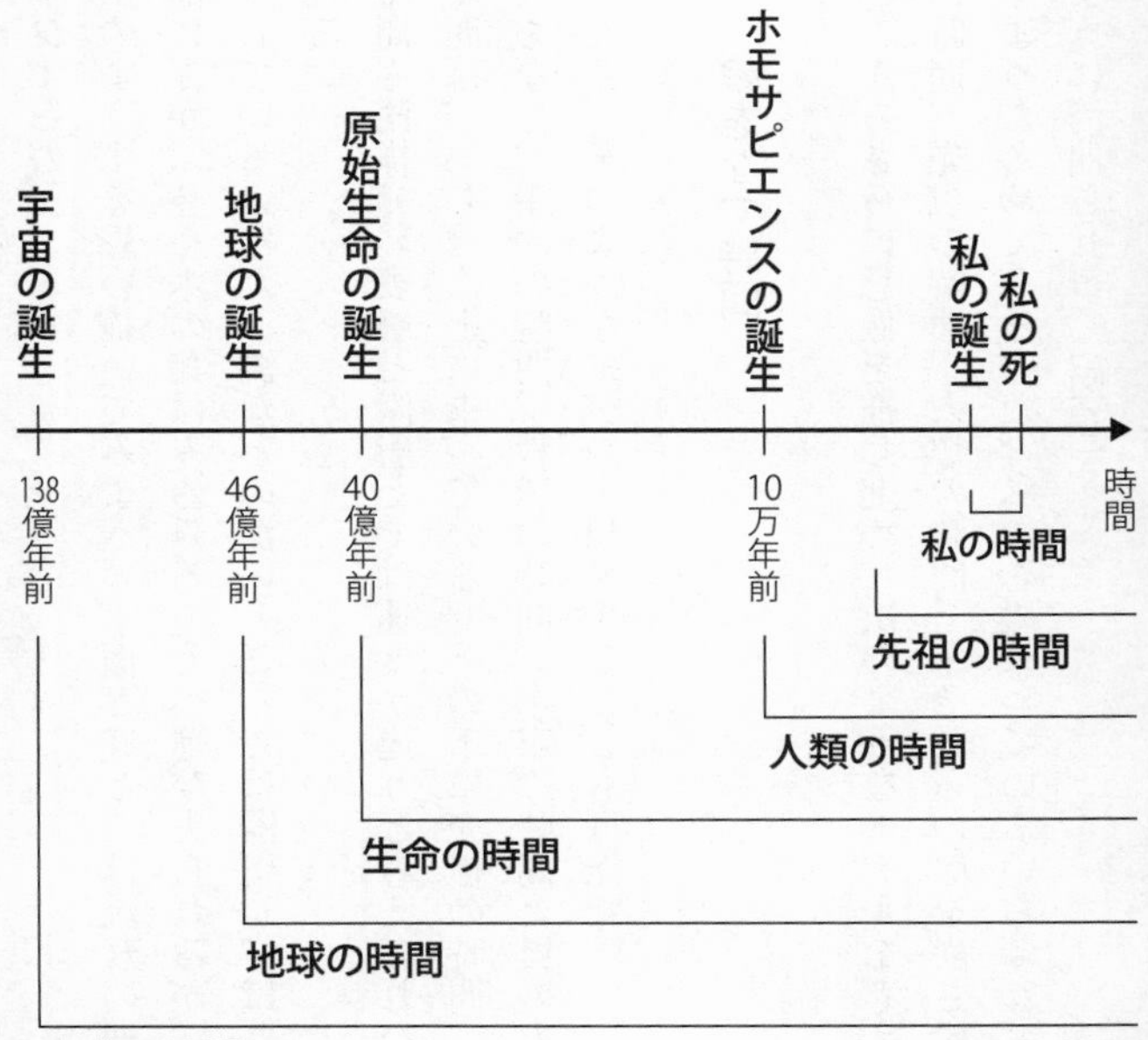
宇宙の誕生
地球の誕生
原始生命の誕生
ホモサピエンスの誕生
私の誕生
私の死
138億年前
46億年前
40億年前
10万年前
時間
私の時間
先祖の時間
人類の時間
生命の時間
地球の時間
宇宙の時間

メージするのだ。

川のようすを思い描いてみよう。水面と底とでは流れの速さは均質でなく見える。水面に浮かぶ芥（あくた）や木の葉はみるみる遠くへ運び去られるが、底の方では、もっとゆったりしているようだ。淵などの深いところでは滞留し、ほとんど動いていないかに思われる。

時間も同様で、表層と深層とでは速度が違うと考えられないか。日常生活に経過する時間は、いちばん上に乗っている。その下に先祖の時間、人類の時間……と短い順に層をなし、生命の時間、地球の時間、宇宙の時間と奥の方に行くにつれ、流れ方は遅くなる。そのようなモデルを想像することも可能だ。

## 輪をなす時間

そこからさらに想像を推し進め、次のようなモデルを考えることはできないか。日常の時間、先祖の時間、人類の時間……それらの層を崩さずいわば束のまま、丸みをなすようたわめてみるのだ。私たちの乗っているいちばん上の層を、より上に突き出すように湾曲させる。（図5）

図5

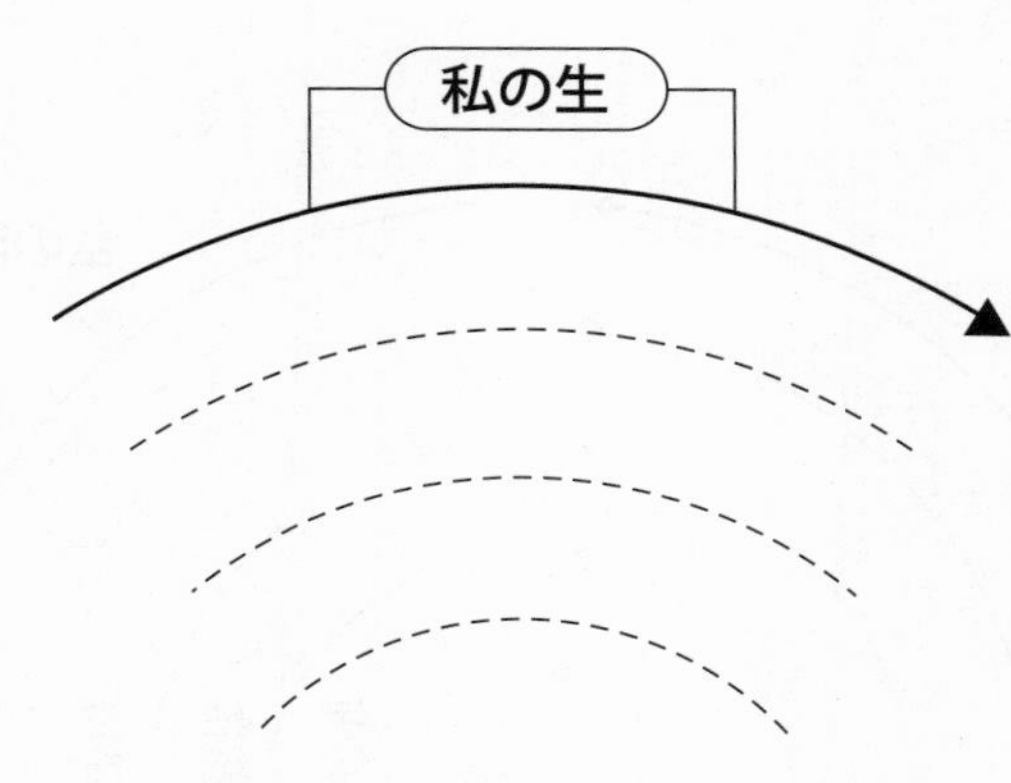


たわめることを続けると、全体の形は輪に近づいていくはずだ。

直線から円へと形は大きく変わるが、私たちが日常の感覚として持っている時間の直線性と矛盾しない。あくまでも等間隔の目盛りを刻んだ物差しのようにまっすぐに、一方向へと流れていく。（次頁図6）

川に喩えて考えたときの、時間と時間の層の上下の関係も保たれている。

必ずしも突拍子もない想像ではない。川から転じて、海をイメージしてみよう。

航行する船にとって海面はどこまでも平らに感じられる。が、言うまでもなく地球は丸い。それを丸いと感じないのは、地球があまりに大きいからだ。

船はあくまで直線の航路を進みながら、地

図 6

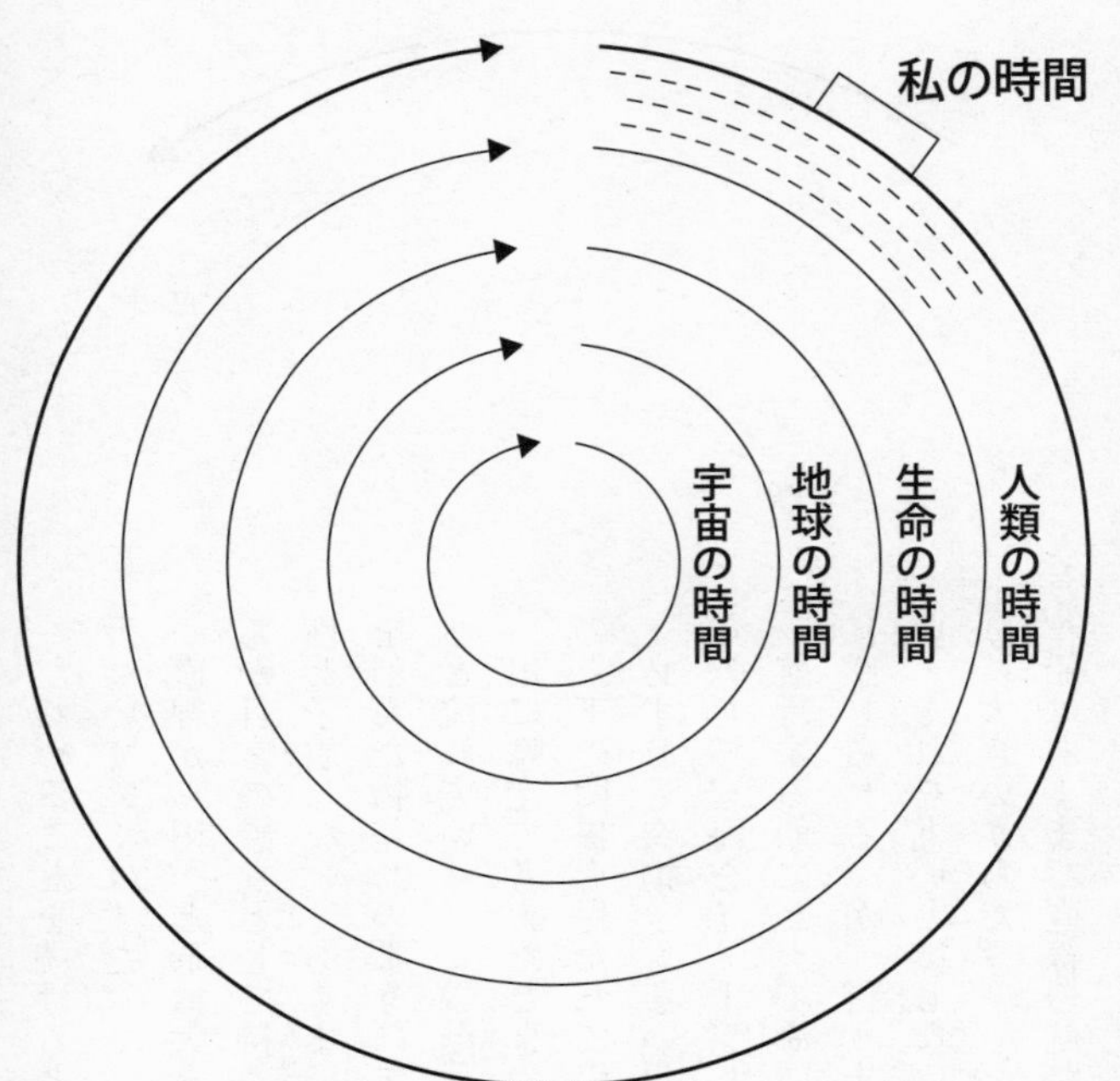

「球」という湾曲した面の上にいる。感覚としてとらえられなくても、私たちはそう知っている。

蟻の比喩で考えよう。地球儀があり、経線の上を行く蟻がいるとする。目の前に途切れることなく現れる線をひたすらたどり続ける蟻には、自分の乗った面が実は湾曲しているとはよもや思うまい。二次元を這っていくとき、その面が三次元としてはどうなっているかとらえることは難しい。

これらから「輪をなす時間」というモデルを考えるのは、それほど無理なことではないといえるだろう。私たちの日常的な感覚とは異なるが、成り立ち得るモデルである。

「層をなす時間」のところで、表層と深層との速度の違いに言及した。その点もこの、「輪をなす時間」モデルに収めることができる。

回転する車輪をイメージしよう。車輪では外側がいちばん速い。例えば分度器で角度を測り、三〇度分だけ転がしてみる。軸に近い内側は少し動くだけだが、外側は大きく動く。角度あたりに進む距離は、深層では短く、表層に行くほど長い。

風力発電の羽根車が並んで立っているのを見たことがある。緑の丘陵に白い羽根が、ゆったりと風に回っているさまは牧歌的だが、近づくと空を切る音の鋭さに驚く。羽根車の中心に近い方を内側とすれば、いちばん外側に当たる羽根の先端が回る速さは、新幹線なみだと聞いた。

## 自然との親和性

この章の冒頭に載せた句に、ここで再び立ち戻る。

生きかはり死にかはりして打つ田かな　村上鬼城

代々にわたり耕してきた。自分が死んだ後も耕されていくだろう。いつの世にか再び自分も生まれ出て、やはりこの地を耕しているかもしれない。生き死には繰り返され、田は耕され続けていく。そうした回帰的なイメージを抱かせる句だ。

そのイメージをさきほどの図に包摂すれば、次のようになるだろうか。（図7）

図7の上部に示した直線モデルでは、死をもって自分は今いる線から降りる。降りたら降りたきりで、生きているときにいた時間の線は進んでいく。

図7下部に示した層のモデルでは、降りて先祖の時間に加わる、あるいはさらに下

図 7

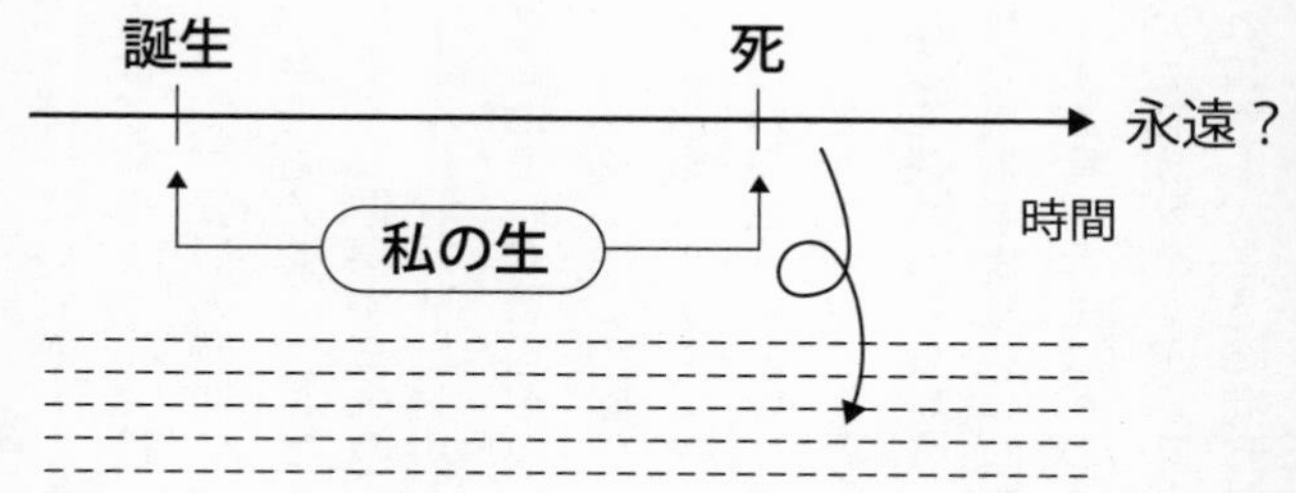


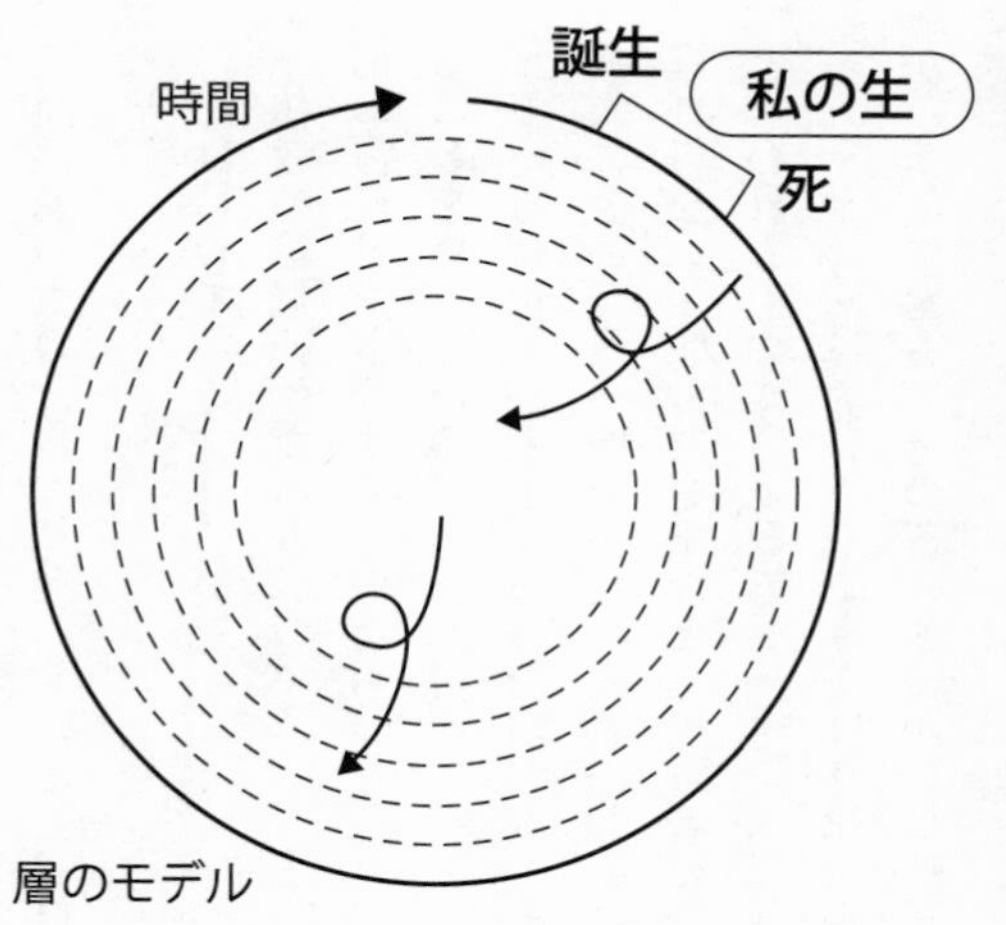

の層へと降りていくかもしれない。そのプロセスで自性はいったん解体される。

深層は、輪のモデルでは、下というより奥のイメージだ。輪の奥からある日再び湧き上がって、表層の時間に乗る。そこでは時間は前の生のときより進んでいるし、自性の解体を経た以上、同じ「わたし」ではない。

そのような循環する生のイメージを、この句は持っている。

このイメージから誰もが思い起こすのは、仏教の輪廻転生だろう。

輪廻転生という思想そのものは、仏教以前の古代インドですでにかたちづくられていたそうである。この転生の輪から抜け出ることをめざしたのが仏教と言える。

釈迦が出家を志すエピソードはよく知られている。釈迦が太子であった頃、城の東の門を出たら老人に会い、南の門を出たら病人に会い、西の門を出たら死者の葬列に会った。生きている限り老病死の苦しみは逃れ得ない。北の門を出たとき出家者に会い、出家を決意したという。「四門出遊（しもんしゅつゆう）」と言われるものだ。

仏教では生老病死を「四苦」とする。生きることは苦であり、「生きかはり死にかはり」する輪廻転生は苦の連続という認識が、そこにある。その苦の連続からの離脱を求めたのが釈迦の修行のはじまりだった。

それに対し、さきの句には、輪をなす時間の表層に再び現れることへの忌避感は見いだせない。むしろ肯定的なものを感じる。

広井もこの句に注目し、鎌田東二の著作を引きつつ次のように考察する。「日本人の伝統的な死生観には、死んだ人の魂が何らかのかたちで存在し続けるという、輪廻転生的な発想があり、しかもその場合、輪廻転生それ自体が否定的にとらえられているわけではない」、「それは、他でもなく、日本人が、その比較的恵まれた自然環境ということも手伝って、基本的に現在充足的あるいは現世肯定的な志向を強くもち、『自然』に対する親和性ということの非常に強い民族である、ということと表裏の関係にある」。

## 季語のはたらき、リズム

人によってはこの句も苦の表明と受け取るかもしれない。何度生まれ変わっても小作は小作、節くれだった手で鋤鍬をふるう境遇から逃れられないことを詠んだのだと。労働哀歌あるいは階級社会を告発する詩だという解釈も、読んだことがある。が、俳句として鑑賞するなら、その解釈へは行きにくい。

俳句には季語がある。季語は単に、春夏秋冬のどれであるかを指す言葉ではない。

５Ｗ１Ｈのうちのいつを示す記号ではないのだ。読む人のうちに共通の情趣を呼び起こす装置としてはたらく。

「季語」という言い方をするようになったのは明治時代だが、それよりもはるかに以前から、和歌における題詠の題、連句や俳諧の季の詞（ことば）として、そのときどきの美意識や生活感を取り込みながら定着してきた。俳句がわずか十七音で人に何かを伝え得るのは、季語の持つそうした蓄積のためである。季語には、人々がその事物にどんな思いを託してきたかが、言い換えればその言葉にまつわる日本文化が詰まっている。

この句の季語は「田打ち」。春の季語だ。秋に稲を刈り取った後そのままにしてあった田を鋤き起こし、土を細かく砕いて田植えに備える。寒い冬が終わって、凍てついた土も鋤鍬を入れられるほどに緩んできた。厳しい冬をようやく越した安堵感、農事の新しいサイクルへの期待感がある。

そうした季語の内容からして、この句を啄木の「はたらけどはたらけど猶（なほ）わが生活（くらし）楽にならざりぢっと手を見る」のような労働哀歌、貧窮をかこつ歌と読むのは難しい。

難しい理由のもうひとつにリズムがある。「生きかはり死にかはり」のリフレインは、田打ちの動作の反復するリズムを思わせる。代々繰り返されていく営みのリズムとも合わさり、太く強くなる。それは嘆息やしのび泣きには聞こえない、力のこもった何かである。大地に根を張る生の確かさと言うべきか。

この地に再び生まれ出づることが、必ずしも負のイメージでとらえられていないのは、日本の自然条件があずかるという広井の考察は頷ける。四季があって、四季それぞれに美しい姿を見せる。温帯モンスーン地帯に属し、極端な灼熱、寒冷、乾燥のないことは、砂漠や北部山岳地帯を含むインドと比べてみて言える。湿潤な気候は植物を育み、実りをもたらす。黒潮と親潮が交わり、海の恵みをもたらすところでもある。こうした自然条件に支えられ、自然への親和性と共生の感覚が、日本的な輪廻転生への態度とも言うべきものの底にはあると思える。

## 津波を詠んだ句

「輪をなす時間」モデルと深い関わりがあると思われる自然と日本人との関係について、ここでいったん時間そのものの話から離れて考えよう。

自然が恵みばかりでなく、ときに破壊をもたらすことは、序章でも『タイム』誌やキャサリン・サンソムの記述を引きながら書いたとおりだ。日本は、台風の通り道である。大陸プレートの境界に位置し、地震の多発地帯でもある。

東日本大震災は季語の世界も揺るがせた。「春の海」という季語ひとつをとっても、震災前と同じように用いることができるだろうかと、俳人の間で論じられた。「冬の海」の荒涼としたさま、「夏の海」の痛いほどの眩しさとも違い、穏やかな光を湛えているのが、これまでの「春の海」だった。「ひねもすのたりのたりかな」と詠んだ蕪村の句に象徴されるように。しかしこれからは「春の海」と句にあれば、読む人は三・一一を想起せずにいられまいと言われた。

千年に一度の自然災害の衝撃は、季語の世界も破壊したのか。そうではないと私は思う。季語が、その事物にまつわる時代時代の人々の思いを取り込んできたものならば、この衝撃も「春の海」の中に蓄積されていくのだろう。津波は「春の海」の意味内容を根こそぎひっくり返したのではなく、穏やかな光に新たな色合いを重ねたと、すなわち季語の世界を深化させたと考えられまいか。

春夕焼海憎しとは誰も言はず　岩咲さら（『岳』平成二十三年八月号）

津波で親族を亡くした人、家や生活のたつき一切合切を奪われた人がいる。作者もそのひとりかもしれない。作者やその周囲にもどれほどの慟哭（どうこく）があったのか。それでも句に詠まれたこの瞬間は憎しみを誰も口にせず、黙して海を眺めていた。この句は海が憎いと叫ぶ詩より、私の胸に強く迫った。そしてその句に「春夕焼」という季語を配した、作者と海との関係を思った。

俳句では単に「夕焼」といった場合は、夏の季語である。夕焼はむろん通年の現象だが、夏の夕焼はとりわけ赤く燃えるようなようすが印象的なことから、夏の季語となっている。「春夕焼」はそれとは異なり、人を包み込むような柔らかさがあるとされる。

また俳句は漢字にふりがながない限り、十七音になるよう読む。「はるゆやけうみにくしとはたもいはず」。ゆやけ、の音が耳に優しい。だれ、と濁らず、た、という響きには儚(はかな)さをおぼえる。

津波で何も失わなかった私が、作者と海との関係を推し量り軽々に語ることはできない。東北で詠まれた句を、もう少し鑑賞しよう。宮城県多賀城市に住む俳人、高野ムツオの作品だ。

冬波の五体投地のきりもなし
万の手に押され夏潮満ちてくる

仰向の船底に花散り止まず　（『句集　萬の翅』角川学芸出版）

直立しては崩れるように伏す冬波の中に、膨れ上がる夏潮の中に、死者たちはいる。繰り返す祈りの所作、船底に降りかかり続ける桜は、尽きぬ無念のようでも、鎮魂のようでもある。宗教性を感じる句だ。

草の実の一粒として陸奥にあり
泥かぶるたびに角組み光る蘆　（同前）

小さき存在であることを引き受け、生まれ落ちた地を離れずに生きていく覚悟を感じる。

## 山川草木悉有仏性

「生きかはり死にかはり」の句にはじまり引いてきた、これらの句から思い出す文章がある。『「無常」の構造――幽(かみ)の世界』（講談社現代新書）で磯部忠正が書いているものだ。長くなるが引用する。

この世の無常を知り、わが身わが命のはかなさを悟って、さまざまな形での宗教的信仰によって救いを求めるという心理過程はよくわかる。しかし日本の信者たちのめざす信仰の世界、救われたさきの世界は、たとえばキリスト教徒などが、回心ののちに、今までとまったく違った世界に住み、別の境地に生きると言われるのとは趣が異なる。違った世界とか別の境地とか言えるとすれば、日本人の場合は、信仰によって無常を無常のままに生きる覚悟ができ、はかない命のはかなさを味わいながら生きる心構えができるという意味においてである。（中略）日本人の死生観に不思議な骨太さがあるのは、やはり幽顕連続の生命観に裏づけられた諦観があるからであろう。

儚さと確かさ。小さき者という位置づけと揺るぎなさ。句に感じるそうした不思議な混交のわけを、この文章が語っているように感じる。

（略）絶対者を想定して、それでほんとうに安心できるのか。ほんとうに物が解るのか。日本人の素朴なこころは一方ではこのような疑問を抱き、他方ではそんな難しい原理や判定者を設定しないでも、自然から生まれ、自然に生き、自然のなかに死んで還るという生き方で十分ではないか、いやそれよりほかにほんとうの生き方はありえないではないか、という開き直った覚悟があるようにも思われる。日本人にとって、生きるとは自然とともに生きることである。山や河、草や花、鳥や獣、それらはみな人間の仲間である。

「山川草木悉有仏性」を連想する。山や川、草木の一本一本にも人間と同じようにいのちがあり、仏となる可能性があるとする教えだ。だから粗末にしてはならないとして、環境運動の中でよく引かれる。

## 「衆生」の範囲

意外なことだが、「山川草木悉有仏性」は、仏教の成句ではないそうだ。このフレーズに示される考え方がどこから来たか、仏教学者の岡田真美子がたどっている（『小さな小さな生きものがたり――日本的生命観と神性』昭和堂、「東アジア的環境思想としての悉有仏性論」『木村清孝博士還暦記念論集 東アジア仏教―その成立と展開』春秋社所収）。

「一切衆生悉有仏性」なら『大乗涅槃経』にあることを仏教学者宮本正尊が指摘しているという。『大乗涅槃経』は釈迦が晩年に説いた教えに基づいて、大乗仏教の思想を述べたとされるもので、原典はなく漢訳が残っている。

「一切衆生悉有仏性」は「山川草木悉有仏性」と似ているが、この場合、山川草木が「衆生」に当たるかどうかが問題だ。インドの大乗仏教の考え方では、植物は入っていなかった。仏となる可能性を有する「衆生」は生物でも「有情」のものに限られ、それは動物までとされ、草木は石ころなどと同じ「無覚無知」のものに分類された。背景にはインドの大乗仏教が肉食を禁じ菜食主義をとるようになったことがあるという。

仏教が中国に渡った後、八世紀、唐代の天台宗の僧、湛然の著作において、今の私たちが「山川草木悉有仏性」のフレーズで親しんでいるのと同様の考え方が示される。湛然はその著作『金剛錍』に「一草一木一礫一塵各一仏性」と記し、草や木のみならず石ころや塵ひとつも、仏となり得るものとした。中国仏教全体でも、中国の天台宗でも例外的な考え方だそうだが、日本の天台宗はこれを引き継ぐ。日本の天台宗の開祖、最澄は唐で湛然の弟子について学んでいる。

「山川草木悉有仏性」と似た、また別の言葉に「草木国土悉皆成仏」がある。中世に成立した能の謡曲に多出するという。「鵜」、「墨染桜」、「芭蕉」、「杜若」、「六浦」、「現在七面」、「西行桜」、「高砂」、「定家」を岡田、宮本は挙げる。そのひとつ「墨染桜」では、これを『中陰経』にある言葉と偈としている。が、宮本が調べたところ、現存の『中陰経』には見当たらないそうだ。『中陰経』だけでなく、現存する仏教の典籍全てを含む『大蔵経』にも、やはり探し出せなかったという。

文字として確認できたのは、九世紀の日本天台宗の僧、安然の著作においてだ。「『中陰経』云、一仏成道観見法界、草木国土悉皆成仏」と書かれていた。八六九年から八八五年頃に成立したとされる『斟定草木成仏私記』という著作である。「草木国土悉皆成仏」の出どころを尋ねることからは外れるため、岡田の本では言及されていないが、同じような考えを示す言葉に、「草木也成。何況有情」がある。最澄とともに唐に渡った空海が『吽字義』に残している。

これらから次のように言えそうだ。今の私たちが「山川草木悉有仏性」というフレーズでなじんでいる自然観、生命観が仏教の本来的な思想でそれが日本人に影響を与えた、のではない。インド仏教にはもともとなく、中国仏教の中でも「例外的」な思想を、日本人の感性が選び取り、広まった。空海の「草木也成。何況有情」は、すなわち草木でさえ成仏できるのだ、有情の者がどうしてできないことがあろうかと諭している。この論法には、有情の私たちに対し、草木は「無情」という前提がある。それは仏教ではもともと植物と人間との間に差異が設けられていたことをふまえたものと思われる。謡曲における植物は、「非情」だが成仏するという、逆説的な展開が多いのにも、そう感じる。

時宗の開祖、一遍（いっぺん）（一二三九～一二八九）にも同様の自然観、生命観がみられる。2章でふれた浄土真宗の僧侶で宗教哲学者の大峯顯は、一遍の残した次の言葉を紹介する。「よろづ生きとしいけるもの、山河草木、ふく風、たつ浪の音までも、念仏ならずといふことなし。人ばかり超世（ちょうせ）の願にあづかるにあらず」（『宗教の授業』）。山川草木のみならず、風や波といった自然の現象にまで、「衆生」の範囲を拡大する。超世の願とは、生きとし生けるものをことごとく浄土に往生させて仏にせずにはおかないという、阿弥陀如来の誓願だ。

仏法の真理を語るとき自然のものを引き合いに出すのは、「日本仏教がインドや中国の仏教と区別される最も大きな特徴のひとつ」だと大峯は述べている。

## 貞観地震と津波

岡田の論考で興味深いのは、「草木国土悉皆成仏」の思想と自然災害との関係だ。東日本大震災の後、千年前の地震と津波がにわかに注目された。八六九年に起きた貞観地震である。東日本大震災と同規模と推定されている。陸奥国が大震動し発光現象が起き、地は裂け、海は雷のように「哮吼」しふくれ上がり、たちまち多賀城下に達したという。『日本三大実録』にそのようすが記されている。吠える、という動詞は、まさに生き物のようだ。

宮城県の沿岸部を震災の翌年訪ねたときを思い出す。津波の通り過ぎた浜では、両手を広げても抱えきれないほどの太さの松が、幹に縒りをかけたように捩(ねじ)れ、ぶっつりとちぎれていた。人が道具や機械で挽いたのでは、あり得ない断面だ。何か巨大な怪獣のようなものが力まかせに捻じ切っていったようだった。

岡田によれば、仏教発祥の地のインドでは、山は acala といい、「動く」を意味する語 cala に否定辞 a- を冠した語であるという。インドでは山が動かないのか。それを驚きと感じるほどに、日本の山は動く。地震では揺れ、大雨では崩れ、人が逃げきれないほどの速さで土石流を走らせ、火を吐き灰を噴き上げる。インドやヨーロッパなどの古い地層では経験することのない、山海の激しい動きだと、岡田は書いている。

日本の国土は「動物」なのだ。

「草木国土悉皆成仏」の出どころをたどれる『斟定草木成仏私記』が成立したのは、さきに述べたように八六九年から八八五年頃。安然が筆をとったこの八六九年はほかでもない貞観地震の年である。そのことから岡田は「草木国土悉皆成仏」のフレーズについて次の視点を提示する。単に「草木も国土も皆悉く成仏する」という教理を記したものとは考えない。むしろ「草木も国土も皆悉く成仏しますように」と願うものであった。それが、ひとまとまりの祈禱文として巷間に流布していったのだろうとしている。

## 暴れる国土

貞観地震の前から日本の国土は暴れはじめた。保立(ほたて)道久『歴史のなかの大地動乱』(岩波新書)にまとめられている。八六三年越中・越後地震、八六四年富士、阿蘇神霊池噴火、八六七年豊後鶴見岳噴火、阿蘇山噴火、八六八年播磨地震、京都群発地震。貞観地震のあった八六九年は肥後でも大和でも地震があった。地震や噴火はいつの世にもあるが、この頃は特に夥しい印象だ。

仏教の行事ではないが、祇園御霊会として今に伝わる牛頭天王の祭りは、貞観地震の年からはじまっているという。牛頭天王は疫病の神で、この神を逆にすすんで迎えてお祀りし禍の収まることを祈った。祇園御霊会のはじまりはもっぱら疫病や飢饉との関係でとらえられてきたが、著者は地震との関係を指摘する。八、九世紀の地震は日本文化の基層に大きく影響しているという。

大地の動乱はなお続く。八七一年出羽鳥海山噴火、八七四年薩摩開聞岳噴火、八七八年南関東地震、八八〇年の出雲地震、京都群発地震、八八五年開聞岳噴火、八八六年伊豆新島噴火、八八七年には南海・東海の連動地震。並べていくとまさに列島が猛り、のたうち回っている感がある。

荒ぶる国土を前に、人々はただ鎮まることを祈るしかなかっただろう。「草木国土悉皆成仏」が（現存の『中陰経』には見当たらずとも、安然の言うように）『中陰経』にあった偈ならば、ときの民心にかなうものとして「再発見」されたとも考えられる。

さきに磯部正忠『「無常」の構造』の中の一文「山や河、草や花、鳥や獣、それらはみな人間の仲間である」を引いたとき、「仲間」という語が、私には甘やかにすぎると感じられた。巻末にある刊行年を思わず見た。一九七六年刊。東日本大震災の後だったら、著者はこの言葉を遣うことができただろうか。津波被害の映像の数々が、しばし頭をよぎっていった。

だが岡田の示した視点をとれば、自然が「和（にぎ）」の状態のときよりも「荒」の状態のときにこそ、「仲間」という語が切実な意味を持つのかもしれない。「衆生」の範囲を山川にまで拡大し、成仏を祈るのだ。

## 山川草木悉有神性

「山川草木悉有仏性」のフレーズで親しんでいる考え方が、仏教にもともとある思想ではないことを見てきた。仏教が日本人の自然観や生命観に影響を与えたというより、日本人にもともとある自然観や生命観が日本仏教に影響を与えたと考えることができそうだ。

日本人にもともとある自然観や生命観を言うなら「山川草木悉有神性」だと、歴史学者で古代史と神話学を専門とする上田正昭は述べている。（『死をみつめて生きる

――日本人の自然観と死生観』角川選書）

　さきに述べたとおり神道は仏教のような体系性を持たない。宗教を世界宗教と民族宗教に分けるなら、仏教は前者、神道は後者である。特定の開祖がおらず、自然発生的に成立し、仏教や道教など外来の思想と融合しつつ、日本列島の中で伝承されてきた信仰だ。抽象的な教理を記したものはなく、『古事記』『日本書紀』の記述から、神とはどのようなものかを推し量る。今の私たちが神道を知ろうとするときは、江戸時代の国学者本居宣長による『古事記』の解説書『古事記伝』に当たるのが、通常の道すじだ。

「山川草木悉有神性」と近い内容を記したのは、『古事記伝』の次のくだりである。

　さて凡て迦微とは、古御典等に見えたる天地の諸の神たちを始めて、其を祀れる社に坐す御霊をも申し、又人はさらに云ず、鳥獣木草のたぐい海山など、其余何にまれ、尋常ならずすぐれたる徳のありて、可畏き物を迦微とは云なり。（『古事記伝1』岩波文庫）

「諸の神たち」と複数形だ。しかもそれらを「始めて」としてたくさんいる。一神教からは遠く隔たった世界観である。古典に出てくる天地の諸々の神をはじめとし、神社に祀られている御霊、人は言うに及ばず動物植物、海山も、その他何であれふつうではない「すぐれたる徳のありて、可畏き物」を全て神という。

宣長は続けて説明を加えている。「すぐれたるとは尊きこと善きこと功しきことなどの優れたるのみを云に非ず。悪きもの奇しきものなども、よにすぐれて可畏きをば、神と云なり」。いわゆる徳高き者とは限らない。ふつうではない威力があって畏れるべきものは、神になる。

日本神話をはじめて読んだとき、どたばた劇のように思ったことはないだろうか。子どもの頃は民話と同じような感じで受け止めていたが、一神教の神観念に知識としてふれた後だと驚くほどだ。登場する神々は喜怒哀楽が激しい。笑ったり泣いたり、追っかけ合ったり隠れたりする。乱暴者のキャラクターで印象的なスサノオは父イザナキに反抗し、母イザナミを恋うて哭きわめき、呆れた父に追放される。スサノオは今度は姉のアマテラスを慕って高天原に駆け上がり、そのとき「山川ことごとく動み、国土みな震りぬ」という事態を引き起こす。(『歴史のなかの大地動乱』)

人間も神となる。天神様の菅原道真がその例だ。讒訴により大宰府に送られ配所で没し、その後宮中では相次ぐ病死や落雷など異変が続いたことから祀られて、今では学問の神である。

人間、動物、植物ばかりではない。山、川、海、水、土、石、岩といった自然環境そのもの、太陽、月、風、雷、雨、火、噴火といった自然現象そのもの、疱瘡（ほうそう）神のような病気まで。人々に災厄をもたらす疫神も、祀られることによって防疫神となるのだ。

ひとつの神が姿を変えてさまざまなものに宿るのではない。さまざまなものがそれ自体で神たり得る。

そうした信仰を上田は、日本人の万有生命信仰と呼ぶ。日本では「山川草木悉有仏性」に先んじて「山川草木悉有神性」であった。

## 瞬間瞬間にふれる

還っていく場所として、空間から目を転じ、時間に探ることを私はしてきた。私たちの日常的な感覚である「線をなす時間」モデルからはじまり、「層をなす時間」「輪をなす時間」と進んで、円環モデルから想起される輪廻転生の受け止め方から、日本人と自然の関係について、しばし立ち止まり考えた。草木のみならず国土や風、波といった自然現象にも、生きとし生ける者の範囲を拡大し、仏性を見る心性、それは仏教が伝来する以前から日本にある万有生命信仰がもととなっているのではないか、というところまで至った。

ここからは再び時間の話に戻る。立証はできず理論として完結させることもないが、このようなモデルを描けないかと、切れぎれに思いをめぐらせていく。まさしく断想である。

「層をなす時間」では、今一度図を出すと、次のように並べた。（次頁図４）

上から順に私の時間、先祖の時間、人類の時間、生命の時間、地球の時間、宇宙の時間。

草木は「生命の時間」に入れていいだろうか。草木の一生は、線分としては私の一生より短い。庭に生えている草は、一年もしないで枯れる。

いや、大樹の中には千年も万年も生き続けるものがある。小さな草にも、自らは枯れていても種を撒き散らす、あるいは地下の根で命をつなぐものがある。それを思うと、線分の両端はあいまいになる。その個体にとって、どこからどこまでが自分なのか。

玄侑氏が往復書簡で繰り返し言った、「わたし」と「いのち」の関係、「わたし」に

図4

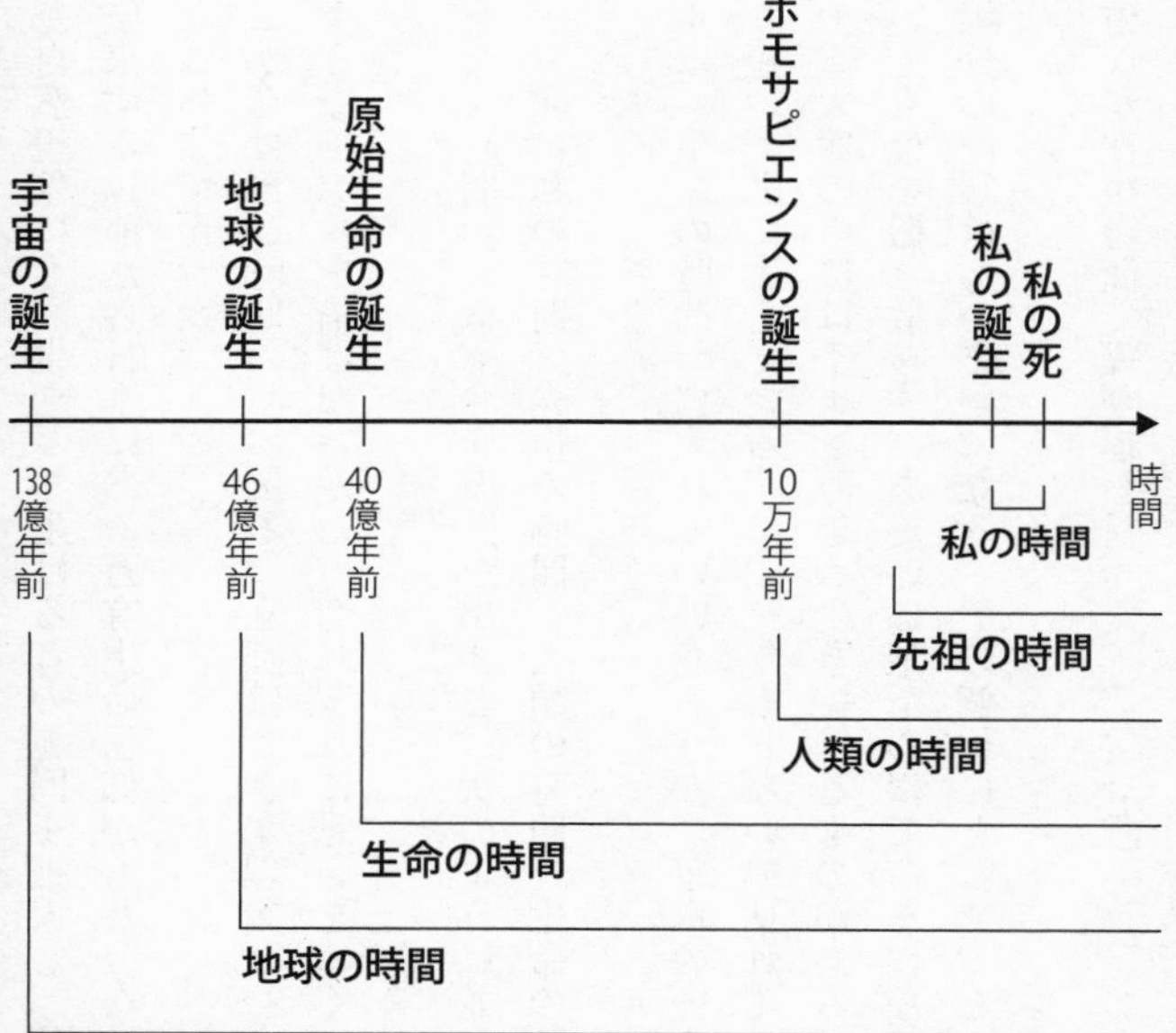

宇宙の誕生
地球の誕生
原始生命の誕生
ホモサピエンスの誕生
私の誕生
私の死
138億年前
46億年前
40億年前
10万年前
時間
私の時間
先祖の時間
人類の時間
生命の時間
地球の時間
宇宙の時間

「いのち」が宿るのではなく「いのち」に「わたし」がいっとき宿るという関係。はじめは詭弁に思われ、とうてい実感し得なかったそのことを、植物に即してなら肯える。それをひとまず生命の時間の層としよう。

原始生命の誕生が約四十億年前。地球の時間はそれより長く、約四十六億年前からはじまる。海溝が割れて、山が隆起するのは、その層に属すると考えていいか。

これらの時間は違うスピードで流れていると、「層をなす時間」の項で川の比喩を用いてイメージした。上の方は速く、下の方へ行くほど遅くなる。

自然はときに怖ろしい。東日本大震災では、かつてない仕方で思い知らされた。三・一一以降は東京の都心にいても海抜を示す標識に目が留まる。臨海部に行くと、津波の際避難する建物を無意識に探している。

一方で、汀（みぎわ）に起こる寄せては返しの穏やかな繰り返しを眺めていると、脅威より安らぎに似た感覚をむしろ得る。原生林に近い森の中に身を置いたときも、同じような感覚があった。

「層をなす時間」モデルにひきつけて言えば、下の方のゆっくりした時間の進みに、そのときの私はふれているのかもしれない。人の文章でよく「太古より変わらぬ時の流れ」「悠久の時の流れ」「時が止まっているかのような」「時というものがないかのような」と表現されるものだ。

むろん私はそうしたときでも、いちばん上の層にとどまっている。桟橋や渚にいるときも山にいるときも、私の腕では秒針が動き続け、他者との時間の物差しの共有関係も崩れない。

逆に言えば私たちは、表層の時間に身を置きながら、ふとした瞬間瞬間に深層の時間にふれることのできる存在なのではないかと思う。

玄侑氏との往復書簡の最後の方で、私は書いた。

霊的なものにふれるのは、終末期に限らない。人生を一本の線に喩えるなら、その端に霊的なものとの接点があるのではなく、私たちの日常と平行をなしていて、折々に横断的にふれてくる。いや、それもユークリッド幾何学的に過ぎるイメージだ。私たちの日常と、平行ではなく不即不離に、一切時一切処に存在する、とした方が近いかもしれない。(『わたしを超えて――いのちの往復書簡』)

「端」とは人生という線分の両端、死と誕生を指す。ただし誕生のときは、霊的なものにふれるもふれている自覚がないため、実質的には死の一方のみとなる。

「平行」という比喩は、このときの私が直線モデルでとらえていることを示す。霊的なものにふれるのは死を目前にしたときだけでなく日常にそうした瞬間瞬間があるのだと、霊的なものは遠いどこかでなく自分のすぐ近くにあるのだと、考えるようになってはいるが、相変わらず線のイメージだ。

「いや、それもユークリッド幾何学的に過ぎるイメージだ」として、ただちに打ち消す。霊的なものを「線」でとらえていいのかというとまどいだ。とまどいながら、しかしまだそれに代わるモデルは思い描けていなかった。

## 不動の中心

この断想では「線をなす時間」から「層をなす時間」「輪をなす時間」と進んできた。「層をなす時間」モデルで、人類の時間、生命の時間、地球の時間、宇宙の時間といった別の流れ方をする時間を、私たちの日常が乗っている表層の時間より下にあると考えた。

これらと接する瞬間が、すなわち霊的なものにふれていると感じられるときではないだろうか。層のモデルに即して言えば、深層へ降りていく方向だ。

図3

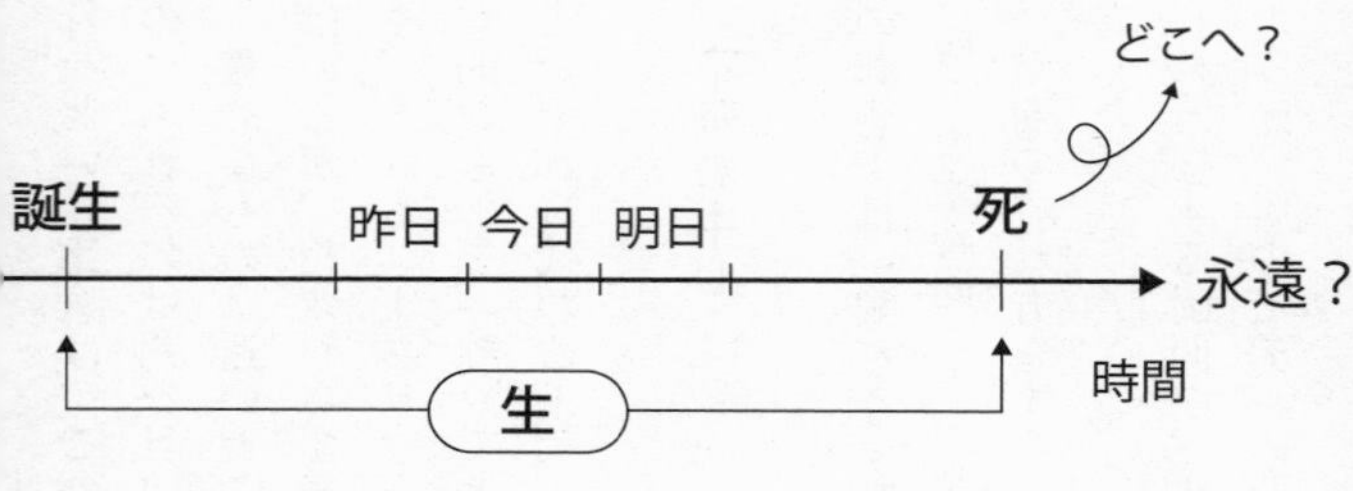


円環モデルに置き換えれば、輪の外側から内側へ入る方向になる。

「輪をなす時間」を書いたとき、風力発電の羽根車の喩えを私は出した。羽根の先端、すなわち円の外側は速く回る。角度あたりに進む距離が長いからだと。円の内側ほど、速度は遅くなり、ついには動かぬ点に到達する。中心にある羽根車の軸は動かない。

不動の中心。そこでは時間が流れない。「流れる」ということが時間の性質であるならば、そこには時間がない、と言える。時なきところ。あるいは時間を超えたところ。それは永遠とも言い換えることができる。（広井良典『死生観を問いなおす』）

「線をなす時間」の図3で、私は直線を引き延ばした先に「永遠」と書いて疑問符をつけた。永遠をどこに位置づけるか、保留したのだ。

「輪をなす時間」のモデルでは、これを輪の中心に

位置づける。（次頁図8）

人間が表層／円の外側にいながらにして、深層／円の内側に降りていくことのできる存在ならば、永遠は私たちの知らないいつかどこか、私たちには到達し得ないはるかかなたにではなく、私たちのいる時間の下／奥にあると考えることができる。

## 技法としての行

仏教はこの深層へと降りていく技法を開発し、意識的に実践してきたように思われる。座禅を組む。作務を行う。瞑想をする。お経を唱える。お念仏あるいはお題目を唱える。三昧と言われる境地にあるときに、永遠に近づくのだろうと想像する。

輪廻の輪からの離脱を求め、釈迦は修行をはじめたという。その「離脱」とは、回転する輪の外側へスピンアウトするイメージではなく逆方向、輪の内側へ突き抜けるイメージではないだろうか。

念仏は仏教のさまざまな行の中で、いちばん早く突き抜ける技法かもしれない。南無阿弥陀仏の名号は、生死以前の世界からの呼びかけであり、南無阿弥陀仏を唱えることで、今ここにいながらにして生死以前の世界とつながることができると、大峯顯

図 8

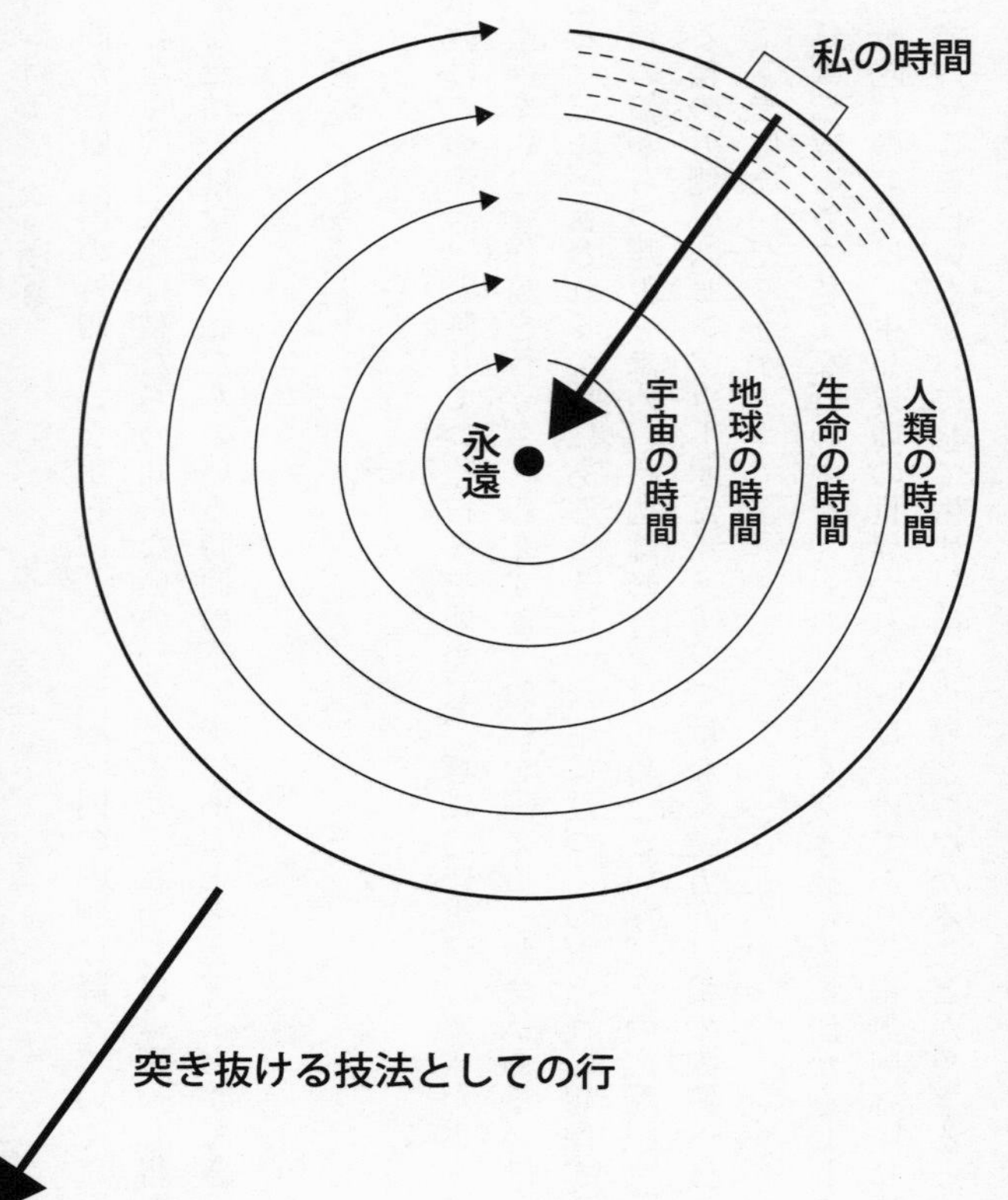

は述べた。

「線をなす時間」のところで私は、生まれる以前とは未来に対する「過去」だろうかと問うた。大乗仏教では生と死の対立を超える次元を「未来」の方向に求めないという。ならばそれは「未来」の反対方向である「過去」なのかと。禅の言う「父母未生以前本来の面目」も同様かと。

そうではないと今は思える。輪の内側に位置づけることができる。「線をなす時間」モデルでは、未来の方向でなければ過去しか考えつかなかったが、「輪をなす時間」モデルでは線上の前でも後ろでもない、奥という方向があり得る。

降りていく技法として開発されてきたのが行と、いましがた書いた。この行に必ずしもよらなくとも、半ば偶発的に永遠にふれる瞬間が、私たちにはあるのではなかろうか。

２章で引いた歴史家であり思想家の渡辺京二の体験。「街角でさして来る斜光を浴びて一瞬世界が変貌したり、空を圧する密雲の切れ目に一筋塗られたコバルトを見出したりするとき、現世を超越していま在るという思いは偽わりではない」と表現した瞬間だ。

〔内村〕鑑三の神が明らかに実在の外に立つのに対して、親鸞の仏は全実在そのものの化身であり、場合によっては山河の姿をとって顕われるような気がする。もちろん私が気がするだけで、これが正しい親鸞理解だというつもりはまったくない。誤りなら誤りでよろしい。第一、私がこんなことを議論するのが滑稽の至りである。ただ神も仏も遠い現代人たる私にも、実在が大いなるものの形をとって、ふっと訪れてくることがあるといいたいだけだ。それは吹いてくる風でも、さしこむ光でも、空をゆく鳥でも、そこいらを跳びはねる蛙でも、野に立つ農人の姿でもよいのだ。おのれも他者も是とせられているとそのとき感じ、是とされているのはおのれの計らいではないと知るのだ。(『幻影の明治』)

自然に抱かれるときだけでない。何かに専心しているとき、芸術に魂を揺り動かされるとき、あるいは深い愛情の中にも、永遠にふれる瞬間はあるのかもしれない。宗教学者の岸本英夫は、「どこへ」の問いを問わず「今ここ」の生に集中した。そうした没頭、没我の中にも、永遠にふれる瞬間がきっとあったと信じたい。

## 色即是空

ここで今一度この本の冒頭に引いた、市川團十郎の句を振り返る。

色は空　空は色との　時なき世へ

時なきところ。無時間。超時間。「輪をなす時間」モデルでは、私はそれを輪の中心に位置づける。

「へ」は方向を示す助詞。表層の時間を降りて、輪の内側へ、中心へと向かっていく。

「色即是空空即是色」、『般若心経』の一節だ。大乗仏教の中心的な教えがそこにあるとされる経である。

「色」は何か。一般には、かたちと言われる。「色即是空」を、かたちあるものは空しい、としている文章にしばしば出会う。

が、そうは考えないということを、ここでは述べたい。

「色」について、「輪をなす時間」モデルに即したイメージを言えば、円周の各層に立ち現れている現象である。重なったままたわんで輪をなしている時間の各層に浮かぶ現象だ。

人類の時間であれば例えば私という現象、生命の時間であれば例えば草、木、地球の時間であれば例えば山川、海、島、大陸、宇宙の時間であれば例えば星。

それら全ては不変ではない。いっときそうしたかたちを成している。

かたちの留まる時間に長短はある。人間はせいぜい百年。巨樹ならば千年か万年か、山なら何十万年か、星ならば何十億年か。各層に浮かび続ける時間はさまざまだが、やがては解体され、輪の中心部へと沈んでいく。

そしてまた別のように結び合わされ、別の現象としてどこかの層に立ち現れては、離れて消えることを繰り返す。

「色即是空空即是色」を玄侑氏は次のような現代語に訳する。「およそ物質的現象というのは、全て自性をもたないのであり、逆に自性がなく縁起するからこそ物質的現象が成り立つ」。「要するに全ての現象には『自性』というものがなく『縁起』のなかに発生する流動的事態」と、説明を付け加える。(『現代語訳　般若心経』ちくま新書)

現象面のみを追うならば「色即是空」はたしかに、かたちあるものは空しいと受け止められるだろう。が、ここでは「空」をもっと積極的にとらえる。「色即是空」を玄侑氏は私との往復書簡では、「一瞬一瞬が滞らずに変わっている、つまり『空（くう）』だというのです」と教えている（『わたしを超えて――いのちの往復書簡』）。一瞬一瞬が滞らずに刻々と変わっているというありよう。「流動的事態」といみじくも書かれた、その流動性こそが「空」なのだ。

止むことなく流動しているから、後段の「空即是色」が成り立つ。流動する中から、新たなかたちが生成する。かたちあるものが全て消え去り終わるのなら、「色即是空」とのみ言えばすむはずで、「空即是色」は要らない。

世界を「色」の方から見るのではなく、「空」の方に着眼する。静的にでなく動的に、世界をとらえる。世界の真の相は、現象として顕れているものにではなく、現象を顕わすはたらきの方にあると見る。

このように整理しても、雲をつかむような話で、なかなかイメージしにくい。私たちにいくらかでもなじみのある西洋哲学の言葉を手がかりにすれば、「色」を形相、「空」を質料ととらえれば近いだろうか。が、質料だと、流動しているというありようや流動のはたらきよりも、流動しているものの方に傾いて、「空」の指す内容とはずれそうだ。

流動性を、「輪をなす時間」モデルに模式的に描き入れるなら次のようになるだろう（次々頁図9）。

輪の内側から湧き出すように上がってきて、時間の層の上へ下へ絶えず行ったり来たりする。あるときは下方の層で現象し、あるときは表層まで上がって現象する。そのはたらきにより、かたちを成すものである点で、人間と山川草木、波や風との間に違いはない。

## 井筒俊彦による視覚化

「自性」がない、ということも、話としてはわかってもイメージはなかなかしにくい。「自性」という言葉を定義なしに使ってきたが、河合隼雄が仏教の辞典を引いて整理しているところでは「それ自体の定まった本質、ものをしてそのものたらしめるゆえんのもの」である。（『ユング心理学と仏教』）

山川草木も私たちと同じいのちを持つものどうしとする文化の中に育っている私は、「空」の流動性により、私もいつか土として水としてあるいは草木として再び現象するかもしれないという想像には、さして抵抗がない。その一方、私と他者、私と事物とを厳然と分ける近代以降の思考に慣れた者として、この「自性」のなさはどうとらえたらいいか。A＝A、A≠非Aである。日常の感覚からも、かけ離れている。

イメージの助けとなるのが、哲学者井筒俊彦による図だ。ものに定まった本質はなく、関係性の上に成り立つ流動的な状態であることを、巧みに視覚化している。さきにその図（次々頁）を示そう。

私がこの図と出会ったのは、さきほどから引いている河合の『ユング心理学と仏教』でだ。井筒がこの図を載せている「事事無礙・理理無礙」（『井筒俊彦著作集9東洋哲学』中央公論社）を読み、自分の言葉に置き換えることは能力を超えると感じて、河合がトレースしたところをたどり、かろうじてついていく次第である。

その作業は「空」をより理解することにも役立つ。

「自性」に関し河合がひもとくのは『華厳経』だ。『華厳経』に盛られている思想は鈴木大拙が「般若的空思想がここまで発展したと云ふことは実に驚くべき歴史的事実」と評している（『仏教の大意』）。河合はその中から「諸行は空にして実無きに、凡夫は真実なりと謂ふ、一切自性無く、皆悉く空に等し」という言葉を出してくる。

私たちがふつうに体験している世界は、A、Bという異なるものがあるとAにはAの、BにはBの独自の性格があり、それによってAとBとははっきりと区別され、混

図 9

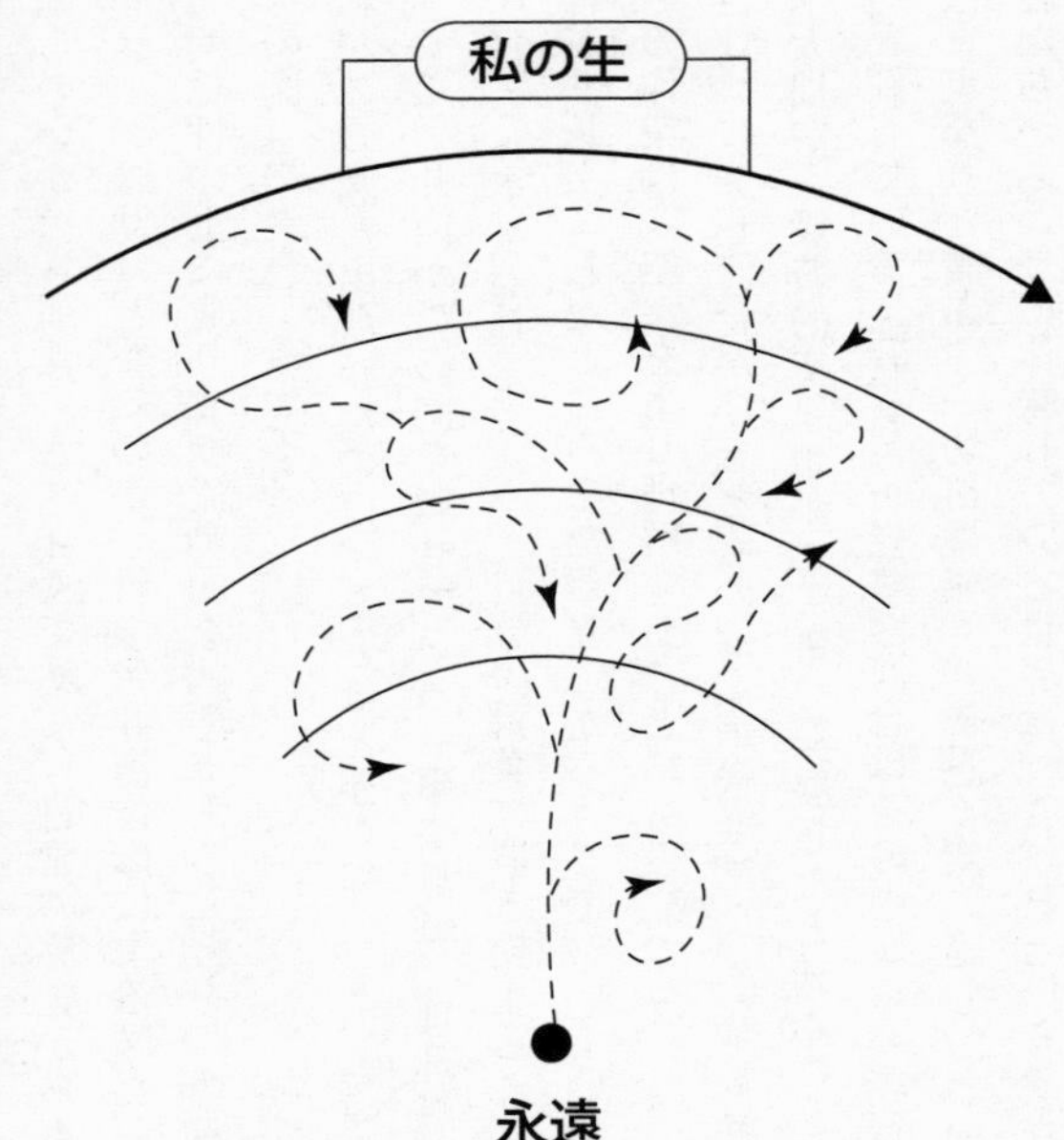

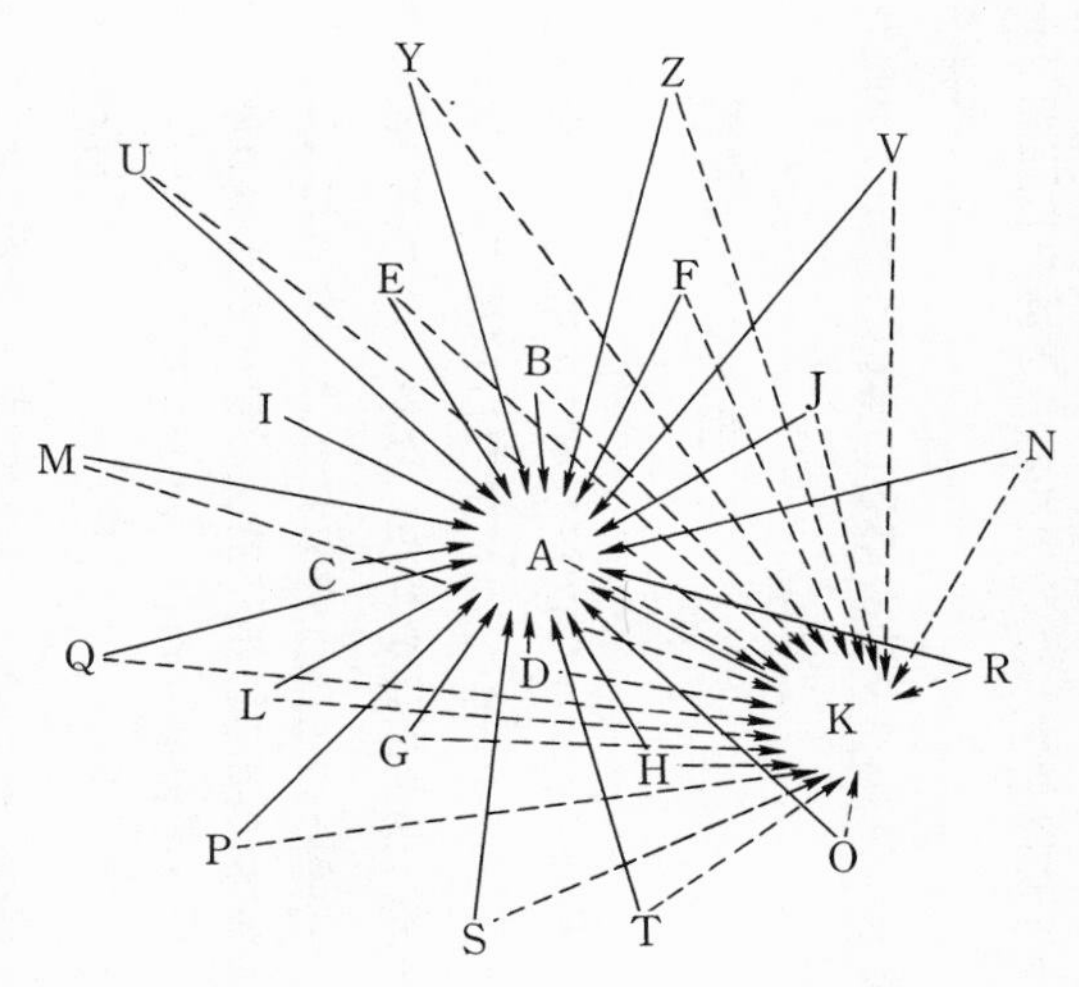


河合が『ユング心理学と仏教』で引用した井筒による図

同を許されない状態である。

このように事物を区別している境界線を、『華厳経』では取り外して世界を見ることをする。この境界線を取り外すことは、『華厳経』のみならず仏教、あるいは東洋的思惟に特徴的だという。（『ユング心理学と仏教』）

すると「限りなく細分されていった存在の差別相が、一挙にして茫々たる無差別性の空間」になる。全てのものが無自性である。このような状態の『華厳経』による表現のひとつが「一切皆空」なのだ。

すなわち「空」は何もないことを示すのではなく、むしろ無限に「有」の可能性を秘めている。

イメージする手がかりを、ここでも私たちにいくらかでもなじみのある科学に探すなら、この差別相と無差別相は理論物理学者デヴィッド・ボームのいう明在系と暗在系に近いだろうか。ボームの考えでは、私たちが五感を通して知る世界はいろいろな事物に部分化しているが、それらは暗在系に対する明在系である。明在系では個別に、そして互いに無関係に存在しているような事物も、暗在系においては全一的に、しかも動きをもって存在しているという。（河合隼雄『宗教と科学の接点』岩波書店）

## 縁起という実相

AをAたらしめる独自の性格がなくてAであることが可能なのか？　という疑問が当然湧く。

その疑問に視覚的に答えるのが、さきに挙げた井筒の図だ。

河合の説明を引き続きたどるとこの図は、Aというものが自性を持たなくとも、他の一切のものとの相互関係においてAであることを示している。

図を見てみよう。

Aはたしかに輪郭のようなものを持っている。図では円のようなかたちだ。私たちはこのかたちを認識し、輪郭のようなものがAと他とを分ける境界線だと思い込んでいる。が、そのかたちは実は、図では矢印で表される無数の関係が、たまたま円のような像を結んでいるだけで、矢印のどこかが動けば変わり得る。

この関係性が「縁起」である。図の示すところを言葉に直せば「ある特定のものが、それだけで個的に現起するということは、絶対にあり得ない。常にすべてのものが、同時に、全体的に現起するのです。事物のこのような存在実相を、華厳哲学は『縁起』といいます」。(「事事無礙・理理無礙」)

自性がない、自性と思っているものが無数の関係の上に成り立つということを、ようやく私はイメージできた。

むろん図示できたことは、立証できたことを意味しない。ここまでに描いてきた時間モデルも同様だ。そのことを承知の上でもう少し、「輪をなす時間」モデルに沿って考えをめぐらせたい。

## 根源のエネルギー

図９で「輪をなす時間」モデルに、流動性を点の連なりによって示した。そのモデルにおいて全体的な関係性を表現しようとしたのが図10だ。輪の内側から湧き出るように浮かび上がって、ある層にいっときとどまり、かたちを結んで離れて沈む。やがては再び浮かび上がってまた沈みと、循環を繰り返す。

このはたらきを起こす力、一瞬一瞬滞らず絶えざる循環をもたらす力が、宇宙の根源的エネルギーと言われるものなのだろう。

玄侑氏が往復書簡で再三説いていた「いのち」。「わたし」を超えてあり続ける「いのち」とたぶん同義語だ。

神道でいうムスビも同じものを指すと思われる。森羅万象を生成させるはたらきを神道ではムスビととらえ、それに対する畏敬の念が信仰のもとになっていると聞いた。

上田正昭が万有生命信仰と呼ぶところの、万物に宿る生命もこのことと解していいのだろう。

同じ「いのち」、同じエネルギーにより現象するものである点で、山川草木、国土も人も同じ。植物、鉱物。生命の時間、地球の時間。属する時間の層は異なるが、同じエネルギーに貫かれている。

根源的エネルギーの出どころ、時間の層の最奥である円の中心部。泉のようにこんこんと湧き、流動性を引き起こし、層の上下へ水を循環させている。そうしたエネルギーの源が、「輪をなす時間」の中心にある。さきほど永遠を位置づけた場所だ。

そこからのはたらきにより、時間の表層としてのこの世に生まれ出て、この世での生を終えたらそこへ戻る。

帰ってゆく場所ではあるけれど、死後の「わたし」が行くとイメージしては違ってしまう。時間の層を降りてゆくとき、「わたし」という自性は解体されるのだから。

この不動の中心は、循環を起こす力の源であると同時に、輪全体を回す力の出どころでもあるのだろう。

空間から転じて時間に、帰ってゆく場所を探ってここまで来たが、このモデルに未完成の点はある。

**図10**で私は円を閉じることをしなかった。

死生観を求めて時間への旅をした広井の『死生観を問いなおす』では、この円は最後に閉じている。

円を閉じるかどうかは実は、時間のはじまりの前と終わりの後を同一とみなしてよいかどうかと同義語だ。この問いに広井は論理的に明快に答えている。

私はそれを読んだ上で、自分はその問いを、これ以上問わなくてよいとした。この断想は私の生死が立脚点だ。私が日常を営む時間は、表層にある私の誕生から死までの「線分」である。時間そのもののはじまりの前と終わりの後とをつかもうとすることは、私の問題意識を超えている。

「線分」と「時なき世」との関係を考える上では、「層をなす時間」「輪をなす時間」モデルは有効だった。それにより私は、現在の底にある永遠を、「線分」の一点としての現在という瞬間にもその底に永遠のあることを、イメージできた。玄侑氏との往復書簡で、お唱えという体験からかすかに感じた「わたし」と「いのち」の関係を、別な面から補うことができた。

時間の全体構造を私はとらえきれないが、私のいる一隅はほぼ確実にそれと連なっている。

時間の全体構造を、霊的あるいは絶対的なものという言葉に置き換えていいのかもしれない。私の思索の届く範囲は一隅からの、しかも限られた能力によるものにすぎないが、一隅は一隅のままで絶対であると感じることができる。

図 10

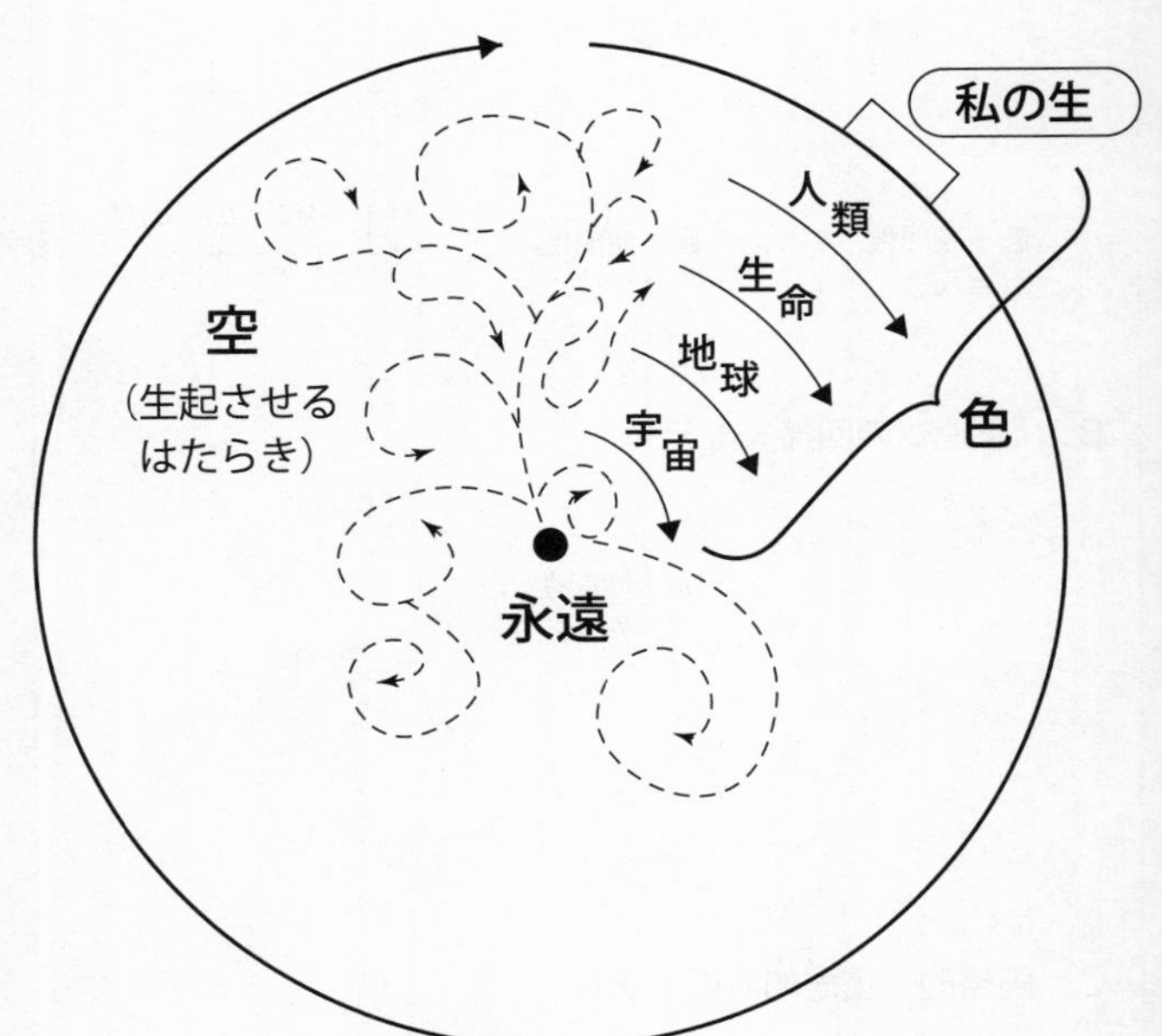

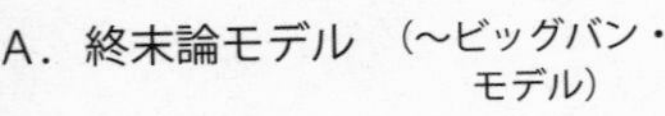


（参考）直線的時間モデル

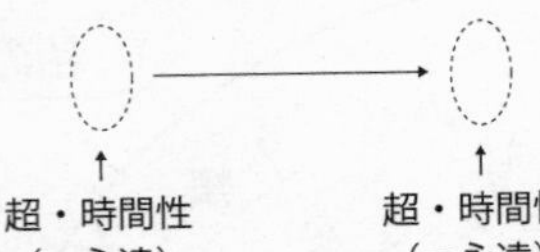


（＊）時間そのものが独立に存在する

B.「永遠への回帰」モデル

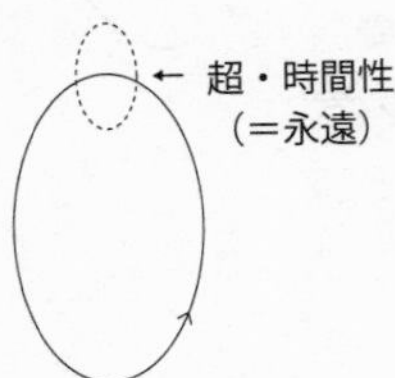


C. 円環的／重層的時間モデル

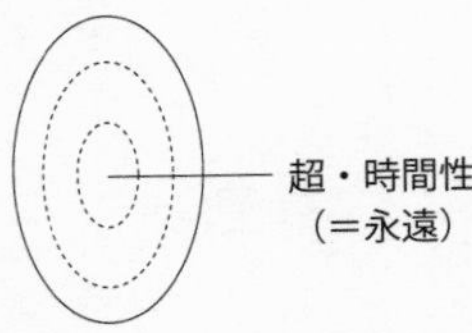


広井による時間についての基本モデル『死生観を問いなおす』より引用

億年のなかの今生実南天　森澄雄（『句集　四遠』富士見書房）

虫の夜の星空に浮く地球かな　大峯あきら（『句集　星雲』ふらんす堂）

## 式年遷宮

この文章のもとになるノートをつけている間、伊勢神宮の第六十二回式年遷宮が行われた。二十年ごとに社殿を造り替えるもので六九〇年に第一回が行われ、戦国時代をはじめいくたびかの中断はありながら、今日に至るまで続いている。社殿の隣にまったく同じ社殿を建てて、神にお移りいただいた後、古い社殿を取り壊す。「常若（とこわか）」の思想がそこにあるとされる。

法隆寺とは対照的だ。

法隆寺は古いまま維持されることで、千年以上の前の信仰のありかたを今に伝える（六〇七年に建てられ、六七〇年に一度消失し、現存のものはその後に建て替えられたものだと言われる）。

伊勢神宮は二十年ごとの更新を千年以上続けることで、信仰のありかたを伝えている。

建築物そのものにではなく、取り壊しては建てる繰り返しの中に永遠性がある。社殿の屋根は茅葺きで、柱は白木を土にいわば突き刺しただけの掘立式。土を掘った穴に礎石を置かずじかに柱を立てるため、腐りやすい。材料も工法も、長持ちさせることを前提としないものだ。

2章の終わりに引いたイアン・ブルマは、東日本大震災後に書いた日本についての文章で伊勢神宮にたびたびふれている。伊勢神宮は永久に自己を新たにし続ける。日本と同じように。自然の全ての創造物のようにと。

解体で出る材はリユースされる。別の神社に譲渡され、災害や老朽化で壊れた部分、傷んだ部分の修復や再建に用いられる。かたちをなしていたものがほどかれ、また別のものと結び合わされ、別のかたちをなす。繰り返す生成を、ここにも見るようだ。

伊勢神宮で使われる木は、樹齢が二百年以上のものと聞く。伊勢神宮に木を供給する森では、それを見越して植林をしているという。人間の一生を超えるサイクル。異なる層の時間との交流が、そこにもある。

## 「木の文明」

伊勢神宮については、建築評論家の川添登が『「木の文明」の成立』（NHKブックス）で述べていることが興味深い。川添は建築と哲学を学んだ人だ。

川添は古墳時代から伊勢神宮の出現までの間に、死生観の変革があったとする。日本は先史時代、巨大な古墳を築き、その内部構造を石で造りながら、有史以後明治に至るまで木造建築しか造らなかった。一般の民家は別として宗教建築のようなモニュメンタルな建築も全て木で造るのは、「おそらく日本が、世界唯一の文明であろう」と著者。

先史時代、四世紀から六世紀までの間は二十万にもおよぶ古墳が、日本のほぼ全土で築かれていた。古墳は言うまでもなく巨大で、内部構造は石積みである。それだけの土木技術、石造技術を有し、材料である石にも事欠かなかったのに、その文明は受け継がれなかった。古墳の築造と平行しつつ入れ替わるように、「木の文明」が成立した。その象徴として伊勢神宮をとらえている。

古墳は今でこそ木が生い茂り、水田あるいは住宅の建て込む中そこだけ緑の丘陵をなしているが、築造されたときは葺石で覆われていたそうだ。方形、円形、その組み合わせから成る整然とした人工的、幾何学的な造形は、自然を支配する文明の意志を示すものだった。

伊勢神宮はそれと様相を異にする。

## 生の造形

式年遷宮のニュースで、新旧の社殿が並び立つようすを上空から撮った映像を目にした人も多いだろう。あれを見た限りでは、なるほど二十年経った方が黒ずんで古びているなというくらいの印象だった。川添によると、古代の様相は違った。今は茅の下に銅板を葺き、茅そのものもあらかじめ燻すなどの処置をしているからあのくらいですんでいる、もともとの屋根は二十年ももたないという。

同じ茅葺きでも農家の屋根は中で囲炉裏を焚くし風通しもあるが、社殿の屋根は傷みが早い。そして中世以前はおそらくいっさい手入れをせずに、自然のまま放置していた。

腐朽してふくらみ湿った茅に黴が生え、黴を食べにくる虫が卵を産みつけ、鳥や風が種を運ぶ。やがて芽が出て草のみならず木まで育ち、蔦（つた）もからまり「まことに青々としたものではなかったかと想像される」。そして古代の人々は草におおわれ木が繁茂するさまを、「むしろめでたいこととしていたのではないだろうか」と。草木が根を張りいわば生態系のようなものを作り出すことにより、二十年間保たれていたのだろうと。

『古事記』に書かれたよみの国は汚穢（きたな）く悪しきところだった。イザナキが妻のイザナミの遺骸におそれをなし逃げてきたのは、古墳の横穴を思わせるとさきに述べた。川添は古墳を「死」の造形、伊勢神宮を「生」の造形と見る。土と石で築かれ大地と一体になった古墳は、死者にささげる「死」の造形で、木で造られ高床によって大地から切り離され、二十年ごとに生まれ変わる伊勢神宮は「生」の造形であると。造られた場所からしても、古墳は水田耕作地域において自然を制御する意志を示したのに対し、奥深い森の中に静まり坐（いま）す伊勢神宮は、自然性の強いものだという。

上下二巻から成るこの『「木の文明」の成立』は、「木の文明」の成立と天皇制の関わり、日本人の自然との関わりの二面性などさまざまな指摘を含むが、それについては本に譲る。私には著者の描く古代の社殿の青々としたようすが、新鮮だった。

もし今も古代と同じに自然のまま放置されるものならば。私は想像の翼をはばたかせる。次の遷宮までの二十年、できることなら年にいっぺん通ってみたい。白木の社殿にやがて芽が吹き、かたちをなくしつつある屋根や柱に草木が青々と繁茂して、虫や鳥が集うところになっていくさまを見たいと思う。自分の一生という限られた線分では体験し得ない、生成のサイクルがそこにありそうだ。

## 宣長の「悲し」と「安心」

終わりに相良亨(さがらとおる)の『日本人の死生観』(ぺりかん社)を挙げる。倫理思想史が専門の著者だが、この本はほかならぬ自分が死をどう受け止めるかという問題意識で貫かれている。磯部忠正の『「無常」の構造』の本についても、この本の中で知った。

磯部の論について、相良は次のようにトレースする。日本人の生き方は神中心でも人間中心でもなく、自然中心だ。山川草木とともに生きることは、宇宙のいのちのリズムに感応して生きること。現実的可視的な世界を顕の世界といえば、宇宙のいのちのリは幽の世界である。顕と幽は連続しており、「日本人には顕と幽との交流が常に信じられている」と。

この章で私が書いてきたことに引き寄せれば、顕は「色」、幽は「空」に当たるだろうか。柳田国男のうつし世、かくり世も思い出させる。

相良は磯部のこうした整理を方向において正しいとしながら、しかし、と異を唱える。

日本人が顕幽両世界の交流を考えていたことが確かであるとしても、日本人もそれなりに生と死との断絶を感じていたであろう。この日本人のそれなりの断絶感にまず視点をおき、そこから出発しないと、日本人の死生観を論じてもただこれを外側から眺めるにとどまることにはなるまいか。

この立場に私は共感する。研究者としてたくさんの書を読んできた著者だが、この本ではひとりの「初老の」人間として死生観を考えている。刊行の一九八四年で六十三歳。現在の平均寿命からすると早すぎるように思うが「われわれの祖先たちがどのようにして死んでいったかということは、私にとって慕わしいものとなりつつある」。死を第三者的にではなく自分のこととしてとらえ、生との間の「それなりの断絶感」を正直に認めた上で、その位置づけを著者は試みる。相良が引くのは本居宣長の『鈴屋答問録』にある「安心（あんじん）」論だ。「世の中は、何ごとも皆神のしわざに候。是第一の安心に候」、「神道の安心は、人は死候へば善人も悪人もおしなべて、皆よみの国へゆくことに候」。

続けて宣長が述べたことに、著者はとまどう。「さて其よみの国は、きたなくあしき所に候へども、死ぬれば必ゆかねばならぬこと候故に、此世に死ぬる程悲しきこと候はぬ也」。

神道の「安心」は死ねば必ずよみの国へゆくことと説いてすぐに、これほど悲しいことはないと言う。裏切られ突き放された感もある。さらに続けて「儒や仏は、さばかり至てかなしきことを、かなしむまじきことのやうに、色々と理窟をまをすは、真実の道にあらざること、明らけし」と言う。悲しむべきことではないとする教えはあるが偽りだ。これでは救いがなさすぎる。

とまどいつつも著者は考える。宣長には「安心」と悲しむこととが矛盾していなかった。

「安心」は悲しみを克服した先にあるのではなく、悲しむうちにあるのだろうと。悲しむ声は歌の発生と関わるから、うたよみびと宣長には取り除き得ぬものだった。が著者はここでは、悲しむという心が宣長ですらも、神への随順の中に吸収されきってしまわなかったところに注目する。

悲しむ者としての宣長なりの「個」が、消えずにそこにあるのを、著者は感じとる。悲しむ主体としての自己を保ちつつ、まさに悲しむことにおいて大いなるものに自己が溶け入るという構造を見て取り、この構造が近代以降の日本人にどうはたらくかを考えるのだ。「日本人の個のとらえ方を考える上において注目される」と。

宣長にとっては神だった。が、もし宣長のいう迦微（かみ）の定義、「鳥獣木草のたぐひ海山など」を含め霊妙にして畏れるべきものを神と呼ぶなら、その言葉を「自然」に置き換えることは可能だろうか。

大いなる自然に従い、大いなる「いのち」に任せることに、最終的にはなるのだろうと予測し、受け入れ、ときに安らぎすら見いだしながら、「わたし」でもまたあり続ける。偽りない自分の姿がそこにある。

# あとがき

生と死をめぐる想いを綴ってきた。

幼年期の漠とした不思議の念にはじまって、壮年期の病でより差し迫った関心事となった。

東日本大震災の間接的な喪失体験は、生死を考えるに風土という要素を付け加えた。病を得て間もない頃共感していたのは、伝統的宗教に救いを求めなかった人々だ。生死の不条理に対し、自由意志を人間の人間たるよりどころとして立ち向かった。

身近な仏教や神道に拒否感を持っていた河合隼雄の変容は、私の中の頑なな合理主義者をも変容させ、代替知への接近を自分に許した。科学が解を与えきれない問いに直面したときに、関心の針がスピリチュアリティへ振れるのは、私いちにんに起きることではなく社会文化史的な傾向であると知る。外部システムとしての宗教には依然距離を保ちながら、内的経験としてのスピリチュアリティに関心を深めていった。

日本的スピリチュアリティを探り、信仰の民俗的ありかたに分け入りつつも、空間に即した他界に自分をあてはめにくい私は、代わりに時間に即して考え、仏教と神道の別を超えた、自然や「いのち」との一体性にたどり着く。悲しみの主体である「わたし」を残したまま、霊妙なるはたらきに抱かれる本居宣長の安心は、私に根強い「個」の意識を消し去ることができなくても、それでいいのだと思わせた。

こんな大回りの過程を経ないとたどり着けなかったことそのものが、自然を遠く離れて生きる人間の弱さだろう。大地に親しく起き臥しするなら、賢しらな言葉を連ねずとも日々の営みを通して感得することかと思う。

「知性がなし得る限度は霊性の姿を微かに映し得るということです」。本書で私のしてきたことを、鈴木大拙の『仏教の大意』の一文が言い当てている。「即ち自分が自由だと幻想する、それは幻想であっても、うらに真物をほのめかしているというところに、知性の役割があります。人間はこの幻想に勇気づけられて突進する、そうして遂に霊性的直覚の領域に到るのです」。

領域のほんの端にたどり着いただけであり、悟りを得たわけでは、むろんない。この先病あるいは老というかたちで再び生死と向き合ったとき、やはり脅える「わたし」がいるのだろうか。「あれからいろいろな本を読み考えてきたことは、何にもならなかったのか」と情けなく思うかもしれない。

それでもいい。そのときはまた、先人や同時代人の書物をひもときながら、全力で考えていくだけだ。大拙の前掲書の次の文章が、挫折しがちな私を励ます。「勇気づけられるといったが、それは或る意味では沮喪するといってもよい。どこをどう探ったら本当に自由になるかわからぬので、人間の魂は悩む、不安に襲われる。この不安が知性面に現われて不可思議を思議せんと努める、無分別を分別せんと、その力の限りを尽くす、そうして疲れて斃れる、自由の門はそこから開かれるのです」。

二〇一四年秋

岸本葉子

付記：参照した本の著者名は敬称略とした。玄侑宗久氏については往復書簡を交わした経緯から「氏」をつけるのが自然に感じられ、例外とした。

## 文庫版あとがき――パンデミックが揺るがすもの

現代日本人に死を意識させる出来事がもうひとつ加わった。新型コロナウイルスの世界的な流行だ。千年に一度の地震の後、百年に一度のパンデミックに遭遇している。

「感染症の教科書を閉じ、疫病に対する戦いに勝利したと宣言するときがきた」とは一九六九年、アメリカ公衆衛生局長官が発した言葉だ（『感染症と文明』山本太郎著、岩波新書）。同じ年アメリカは人類初の月面有人着陸に成功した。そのアメリカで新型コロナウイルスによる死者数は、朝鮮戦争、ベトナム戦争、イラク戦争で亡くなったアメリカ人の合計を上回る。

世界が経験する第二次大戦後初の大量死。感染の危険があるため通常の看取りや別れの儀式ができず、葬送の文化や死生観に大きな影響を与えそうだ。

十七世紀ロンドンのペスト禍を記録した『ペスト』（デフォー著、中公文庫）では、祈禱師にすがる人が登場する。現代日本でも、お湯を飲めば感染を防止できるといった噂が広まり、疫病除けになるという江戸時代の妖怪アマビエが「復活」した。未知の事態を前に人は、科学技術と信ずることとの間を揺れ動く。

コロナウイルスは不思議な存在だ。遺伝情報物質（核酸）を殻が包んだだけのもので、その時点では非生物だが、宿主の体に入ると生物としてふるまいはじめる。自らは体を持たぬ情報であり、宿主を替えて生き続けるのだ。

世界は今叡智を集め、ワクチンの開発を急ピッチで進めている。完成、実用化され流行が収まっても、かつてのような無邪気な勝利宣言は出されないだろう。自然界には様々なウイルスが存在し、必ずやまた邂逅する。そのたびに命とは何かという問いと向き合っていく。

二〇二〇年十月

岸本葉子

## 参考文献（著者名五十音順）

池田彌三郎・谷川健一『柳田国男と折口信夫』（岩波書店同時代ライブラリー　一九九四）
磯部忠正『「無常」の構造――幽の世界』（講談社現代新書　一九七六）
井筒俊彦「事事無礙・理理無礙」『井筒俊彦著作集９　東洋哲学』（中央公論社　一九九二）
上田正昭『神と仏の古代史』（吉川弘文館　二〇〇九）
上田正昭『死をみつめて生きる――日本人の自然観と死生観』（角川選書　二〇一二）
大峯あきら『句集　星雲』（ふらんす堂　二〇〇九）
大峯顯『宗教の授業』（法藏館　二〇〇五）
折口信夫「民族史観における他界観念」『折口信夫全集十六巻』（中央公論社　一九六七）
岡田真美子編『小さな小さな生きものがたり――日本的生命観と神性』（昭和堂　二〇一三）
角川学芸出版編『覚えておきたい極めつけの名句１０００』（角川文庫　二〇一二）
柏木哲夫『死にゆく人々のケア』（医学書院　一九七八）
鎌田東二『翁童のコスモロジー』（新曜社　二〇〇〇）
河合隼雄『宗教と科学の接点』（岩波書店　一九八六）
河合隼雄『ユング心理学と仏教』（岩波書店　一九九五）
川添登『「木の文明」の成立　上――精神と物質をつなぐもの』（ＮＨＫブックス　一九九〇）
川添登『「木の文明」の成立　下――日本人の生活世界から』（ＮＨＫブックス　一九九〇）
岸本英夫『死を見つめる心――ガンとたたかった十年間』（講談社文庫　一九七三）
玄侑宗久『現代語訳　般若心経』（ちくま新書　二〇〇六）
玄侑宗久『禅的生活』（ちくま新書　二〇〇三）

玄侑宗久・岸本葉子『わたしを超えて――いのちの往復書簡』(中央公論新社　二〇〇七)
小泉八雲／平川祐弘編『神々の国の首都』(講談社学術文庫　一九九〇)
五来重『日本人の死生観』(角川選書　一九九四)
相良亨『日本人の死生観』(ぺりかん社　一九八四)
キャサリン・サンソム／大久保美春訳『東京に暮す』(岩波文庫　一九九四)
島薗進『現代宗教とスピリチュアリティ』(弘文堂　二〇一二)
島薗進『精神世界のゆくえ――現代世界と新霊性運動』(東京堂出版　一九九六)
島薗進『スピリチュアリティの興隆――新霊性文化とその周辺』(岩波書店　二〇〇七)
島薗進『日本人の死生観を読む』(朝日選書　二〇一二)
鈴木大拙『仏教の大意』(法藏館　一九九九)
鈴木大拙『日本的霊性』(岩波文庫　一九七二)
高野ムツオ『句集　萬の翅』(角川学芸出版　二〇一三)
多田富雄『寡黙なる巨人』(集英社　二〇〇七)
田邉信太郎・島薗進・弓山達也編『癒しを生きた人々――近代知のオルタナティブ』(専修大学出版局　一九九九)
内富庸介・岸本葉子『がんと心』(文春文庫　二〇〇九)
広井良典『死生観を問いなおす』(ちくま新書　二〇〇一)
広井良典『生命と時間――科学・医療・文化の接点』(勁草書房　一九九四)
別冊宝島編集部編『世界が感嘆する日本人――海外メディアが報じた大震災後のニッポン』(宝島社新書　二〇一一)
保立道久『歴史のなかの大地動乱――奈良・平安の地震と天皇』(岩波新書　二〇一二)
目幸黙僊『宗教とユング心理学――「個性化」について』(山王出版　一九八七)

本居宣長／倉野憲司校訂『古事記伝1』（岩波文庫　一九四〇）
森澄雄『句集四遠』（富士見書房　一九八六）
柳田国男『先祖の話』（角川文庫　二〇一三）
柳田國男『柳田國男集　幽冥談』（ちくま文庫　二〇〇七）
柳田國男『柳田國男全集32』（ちくま文庫　一九九一）
山崎章郎『病院で死ぬということ』（主婦の友社　一九九〇）
山本健吉『基本季語五〇〇選』（講談社学術文庫　一九八九）
頼藤和寛『人みな骨になるならば――虚無から始める人生論』（時事通信社　二〇〇〇）
頼藤和寛『わたし、ガンです　ある精神科医の耐病記』（文春新書　二〇〇一）
デイヴィッド・ライアン／合庭惇訳『ポストモダニティ』（せりか書房　一九九六）
渡辺京二『幻影の明治――名もなき人びとの肖像』（平凡社　二〇一四）

雑誌『大法輪』二〇一四年六月号　大法輪閣
雑誌『俳句』二〇一四年三月号　角川学芸出版

# 解説

辻原　登

病魔は、われわれの人生の途上でこころとからだを引き離す最大の出来事だが、同時に、それが切り離しえないものであることを知るのもこの試練によってだ。

著者は四十歳で癌という病を得て、大きな手術をした。発見から検査入院、手術、退院、予後にわたる日々を『がんから始まる』で綴って十年余りがたった。そこに書き留められていた幾つもの文章がいまも強く記憶に刻まれている。

「病気になるのに、生き方は関係ない。でも、なってからは、生き方はおおいに関係ありそうだ」「死そのものを、ではなく、死に対し脅えることしかできないという状況を、克服したいのだ」

前著は切実な体験記だったといえる。そして、長い予後の「時」の中で、著者は「死」についての思索を徐々に深めてゆく。その間に東日本大震災があった。「わたし」の生と死がもっと大きなもの、「わたしたち」の生と死の問題へと移行してゆく。

著者は重要なことを書きつける。

病を得て人は生死のことに感じやすくなるというストーリーに沿った文章上のふるまいをしているだけではないか。

常にこの問いに裏打ちされているため、著者の断想は「わたし」一個の死をめぐるのではなく、すべての人々に開かれた叡知の表現となっている。

私の中に二人の違う人がいる。認識する人、祈る人。

そうなのだ、この本は、認識と祈りが両輪のようになって、様々な宗教と宗教者、心理学と心理学者、哲学と哲学者、民俗学と民俗学者、漢方と漢方医と、その著作を通して粘り強く対話をつづけ、「死」を自然と歴史と宇宙の中に置き直す、いや、解き放つ。すると「死」はくるっと「生」へと転換する。「わたし」を超えた何かもっと全体的な「いのち」があり、「わたし」が「いのち」にいっとき宿る。「わたし」が死んでも「いのち」はつづいてゆく。祈りはこの「いのち」から出て、「いのち」に還ってゆく言葉なのだ、と。

しかし、「わたし」が生きてあるかぎり、認識と祈りは溶け合うことはない。宗教に帰依すればこの問題は解決するのだろうが、著者は踏ん張る。末尾の断想に至って、著者は、「さて其よみの国は、きたなくあしき所に候へども、死ぬれば必ズゆかねばならぬこと候故に、此世に死ぬる程悲しきこと候はぬ也」という本居宣長の「安心」論の一文に出会い、そこから「悲しむ者」としての個を受け入れようと考える。「救い」よりも「悲しみ」に、死へと向かって歩む個の拠りどころを見出すのだ。

大いなる自然に従い、大いなる「いのち」に任せることに、最終的にはなるのだろうと予測し、受け入れ、ときに安らぎすら見いだしながら、「わたし」でもまたあり続ける。偽りない自分の姿がそこにある。

共同体としての死後の魂の行方が定まった時、文明が始まった。魂の行方を失って久しい現代のわれわれは、みなたった一人で、孤独に耐えてそのことに思いを馳せねばならない。この本はその果敢な冒険の秀れた一例である。本書を閉じたあと、私は本当に久しぶりに人類最後の哲学者ジャンケレヴィッチ（一九〇三―一九八五）の大著『死』を繙(ひもと)いている。

（「毎日新聞」二〇一四年一二月二八日付書評欄より転載）

『生と死をめぐる断想』二〇一四年一一月　中央公論新社刊

中公文庫

# 生と死をめぐる断想

2020年10月25日　初版発行

著　者　岸本葉子

発行者　松田陽三

発行所　中央公論新社
〒100-8152　東京都千代田区大手町1-7-1
電話　販売 03-5299-1730　編集 03-5299-1890
URL http://www.chuko.co.jp/

DTP　嵐下英治
印　刷　三晃印刷
製　本　小泉製本


Published by CHUOKORON-SHINSHA, INC.
Printed in Japan　ISBN978-4-12-206973-2 C1195

## 岸本葉子＊好評既刊

### 50代、足していいもの、引いていいもの

やるべきことは「捨てる」ことではなく「入れ替え」でした！　モノの入れ替え、コトを代えて行うなど新たなスタイルを提案します。★

### 50代からしたくなるコト、なくていいモノ

今だから、わかる。なりたかった私。今からなら、できる。悔いのない日々への準備。確かな自分の生き方をみつけるヒントが満載！★

### 人生後半、はじめまして

心や体の変化にとまどいつつも、今からできることをみつけたい。新たな出会いや意外な発見！　未知なるステージへ期待が高まります。★

### エッセイの書き方
#### 読んでもらえる文章のコツ

エッセイ道30年の人気作家が、スマホ時代の文章術を大公開。起承転結の転に機転を利かし自分の「えーっ」を読み手の「へえーっ」に換える極意とは？☆

### 二人の親を見送って

老いの途上で親の死は必ず訪れる。介護や看取りを経て、変化するカラダとココロ、人と自然のつながりを優しく見つめ直す感動のエッセイ。☆

★四六判単行本
☆文庫